Für Hannah, Alice und Ben

1 Deziliter:
10. Teil eines Liters

ein Ullstein Sachbuch

Ullstein Buch Nr. 4119
im Verlag Ullstein GmbH,
Frankfurt/M — Berlin — Wien

Titel der englischen Originalausgabe:
»Cooking is a Game You Can Eat«
Übersetzt von
Carla Bianca von Menck

Deutsche Erstausgabe

Umschlagentwurf:
Hansbernd Lindemann
Umschlagfoto: Egbert Burmester
Illustrationen: Malcolm Bird

Printed in Germany 1978
Gesamtherstellung:
Augsburger Druck- und
Verlagshaus GmbH
ISBN 3 548 04119 1

CIP-Kurztitelaufnahme
der Deutschen Bibliothek

Maschler, Fay:
Ein Spiel zum Essen: Kindern macht
Kochen Spaß / Fay Maschler.
[Übers. von Carla Bianca von Menck].
— Dt. Erstausg. — Frankfurt/M.,
Berlin, Wien: Ullstein, 1978.
(Ullstein-Bücher; Nr. 4119:
Ullstein-Sachbücher)
Einheitssacht.: Cooking is a game
you can eat ⟨dt.⟩
ISBN 3-548-04119-1

Fay Maschler

Ein Spiel zum Essen

Kindern macht Kochen Spaß

ein Ullstein Sachbuch

Inhalt

Einleitung 9
Pfiffiges Spielzeug 10
Ein paar nützliche Ratschläge 11
Gewichte und Maße 13
Sirup und Melasse 13
Eine Prise ... 13
Eine Backform fetten oder ein Stück Alufolie einölen 14
Wie man ein Ei aufschlägt 14
Wie man Eigelb und Eiweiß trennt 14
Wie man eine Zwiebel schneidet 14
Wenn Dir beim Kochen etwas schiefgeht 15

Ob mittags, ob abends ... 17
Gebackene Eier 19
Fleischklopse 21
Hamburger 22
Griechischer Hirtenauflauf 23
Spaghetti Bolognese 24
Tomatensoße 26
Käsepfannkuchen 26
Yorkshire Pudding 28
Kröte im Loch 29
Süße Pfannkuchen 30
Puffer 31
Schokoladencreme 32
Bratäpfel 33
Verschneite Bratäpfel 35

Parties und Getränke 37
Hörnchen 39
Nußtaschen 40
Biskuitkuchen 41
Phantastische Sandwichs 44
— *mit Thunfisch* 44
— *mit Roter Eiercreme* 44
— *mit Käse und Apfel* 45
— *mit Sardine und Tomate* 45
— *Dreistöckige* 46
— *Offene Sandwichs* 46
— *Gerollte Sandwichs* 46
— *Gebratenes Sandwich* 46
— *Zimttoast* 46
Apfelsinengelee 47
Vanilleeis 49
Was man alles in einen Supereisbecher tun kann 50
Schokoladensoße 51
Karamelsoße 52
Goldene Soße 52
Zitronenlimonade 53
Eiscremesoda 53

Gartenfest und Lagerfeuer 55
Kandierte Äpfel 57
Festliche Baked Beans 58
Fleischspieße 60
Huhn in Silber 61
Rippchen vom Lamm oder Schwein 62
Backkartoffeln 63
Geröstete Kastanien 64
Geröstete Marshmallows 64
Gebackene Bananen 64

Weihnachten 65
Weihnachtsbaumkekse 67
Zuckerpflaumen 68
Glacierte Früchte 69
Popcornketten 71
Popcornbälle 72
Weihnachts-Baumstamm 72

Frühstück 75
Wie man das Tablett zurechtmacht 77
Wie man Frühstück macht 77
Schinken-und-Ei-Sandwich 77
Amerikanisches Ei 78
Tomaten auf Toast 79
Wie man ordentlich Tee kocht 79

An einem regnerischen Nachmittag 81
Karamelbonbons 83
Weiche Bonbons 84
»Sicherheitsbonbons« 85
Rocky Road 85
Pfefferminztaler 86
Schokoknusperflocken 87
Brownies (Braune Küchlein) 87

Picknicks oder »Alles für die große Fahrt« 89
Gebackene Untertassen 91
Unterseeboote 92
Hartgekochte Eier 94
Tausend-Jahr-Eier 94
Gefüllte Eier 95
Würstchen im Schlafrock 95
Schokoladensandwich 97
Eistee 97

Das tägliche Brot 99
Einfaches Roggenbrot 101
Ein Weißbrot 103
Backpulverbrot 103

Restessen 107
Risotto 108
Cowboys Hoppelpoppel 108
Kohlhasen 109
Arme Ritter 110
Was man mit Teigresten anfangen kann 111

Einleitung

Kochen ist ein Spiel mit einem besonderen Vorteil. Wenn Ihr mit Spielen — Wiegen, Messen, Mixen, Schnitzeln, Ausrollen, Formen, Verzieren — fertig seid, könnt Ihr, Eure Familie und Eure Freunde die Ergebnisse aufessen. Wenn Ihr Euch genau an die Angaben haltet, bringt ihr ganz bestimmt leckere Sachen zustande.

Dies Buch ist in neun verschiedene Arten von Rezepten eingeteilt. Manche sind für jeden Tag, wo man Lust zum Kochen oder wo man einfach Hunger hat. Manche sind nützlich, wenn man Freunde einladen will oder wenn man Proviant für Entdeckungsfahrten besorgen muß. Und dann gibt es auch noch Kochideen für Feiertage und Feste wie Weihnachten oder Parties.

Etwas, das man selbst gekocht hat, eignet sich auch sehr gut zum Verschenken. Jeder hat es gern, wenn er etwas bekommt, das extra für ihn gemacht worden ist — und um so mehr, wenn sogar ein kleines bißchen Risiko dabei war!

Spielen macht Spaß. Das gilt auch fürs Kochen. Und das Beste daran ist: Kochen ist ein Spiel zum Aufessen!

Ach, noch etwas — innerhalb der Rezepte werde ich immer nur eins von Euch Kindern anreden, weil das oft besser paßt, denn vieles kann nur einer machen. Aber sonst gilt fürs Kochen wie für die meisten Spiele: zu mehreren macht's mehr Spaß!

Pfiffiges Spielzeug

Reibe — Nudelholz — Kochlöffel
Rührgerät — Saftpresse
Sieb — Löffel zum Abmessen

Kasserolle fürs Wasserbad: Man braucht häufig einen Topf, am besten ist einer mit Stiel, eine Kasserolle, in die ein anderer Topf so hineinpaßt, daß er am Rand des größeren unteren Topfes Halt hat und der Boden des oberen Gefäßes ein Stück über dem unteren Topfboden hängt. Wenn man Wasser in den unteren Topf füllt, um ein Wasserbad herzurichten, darf der obere Topf mit seinem Boden die Wasseroberfläche nicht berühren. Am besten, Du schaust die Zeichnung an!

Ein paar nützliche Ratschläge

Was Du (bitte) immer tust:

1. Ehe Du zu kochen anfängst, mußt Du selbst fertig sein. Binde eine Schürze um und wasch Dir die Hände.
2. Lies das Rezept, das Du Dir ausgesucht hast, von Anfang bis Ende durch, ehe Du anfängst. Such Dir alle Zutaten und Geräte, die Du brauchen wirst, vorher zusammen, sonst bist Du plötzlich in der Klemme.
3. Schau nach, ob der Backofen gebraucht wird. Wenn ja, stell ihn an, ehe Du mit den übrigen Vorbereitungen beginnst; wenn dann das richtige Kochen losgeht, hat der Herd die richtige Temperatur. Wenn Du mit einem nichtautomatischen Gasherd kochst, bitte einen Erwachsenen, Dir die Bratröhre einzuschalten. Denk daran, daß die obere Hälfte der Bratröhre heißer ist als die untere. Schieb das Blech oder den Rost in der Mitte der Röhre ein, wenn im Rezept nichts anderes angegeben ist.
4. Vergiß nicht, hinterher wieder Ordnung zu machen (Tisch abwischen, abwaschen usw.)! Das ist ein weniger spannendes Spiel, aber es lohnt sich, wenn man die guten Beziehungen zu den übrigen Küchenbenutzern aufrechterhalten will. Am besten ist es, alles, was man nicht mehr braucht, immer gleich abzuspülen. Dann sammelt sich kein Berg an.

Was Du (bitte) nicht tun sollst:

1. Gerade vor einer Mahlzeit mit einem Kochspiel beginnen (außer Du kochst die Mahlzeit selber!) oder dann, wenn Deine Mutter gleich in die Küche will.
2. Die Backofentür aufmachen, wenn darin gerade ein Kuchen, eine Pastete oder ein Soufflé gebacken wird. Diese Gerichte vertragen keinen plötzlichen kalten Luftzug. Sie fallen dann leicht zusammen.
3. Ohne Topflappen oder ein sehr dickes Tuch etwas vom heißen Ofen herunternehmen.
4. Süßigkeiten machen, zu denen man kochendes Zuckerwasser braucht, wenn kein Erwachsener in der Nähe ist, der behilflich sein kann.

Gewichte und Maße

Manche Rezepte gehen bei den Zutaten vom Gewicht aus, andere von Maßen. Wenn man einen Meßbecher oder eine Waage hat, kann man die gewünschten Mengen ganz leicht abmessen, und das macht auch Spaß.

Sonst muß man die Menge, die in Gramm angegeben ist, auf Eßlöffel umrechnen. Unter einem Eßlöffel versteht man einen gestrichenen Eßlöffel voll. Das gilt auch für das Maß 1 Teelöffel. Um genau einen gestrichenen Eßlöffel oder Teelöffel zu bekommen, fährt man am besten mit einem Messer so über den Löffel, daß die Oberfläche glatt ist.

25 Gramm Mehl = 3 gestrichene Eßlöffel
25 Gramm geriebener Käse = 4 gestrichene Eßlöffel
25 Gramm Butter, Margarine oder Schmalz = 2 gestrichene Eßlöffel
25 Gramm Korinthen oder Rosinen = 2 gestrichene Eßlöffel
25 Gramm Zucker = 2 gestrichene Eßlöffel
25 Gramm Puderzucker = 3 gestrichene Eßlöffel
25 Gramm Reis = 1 1/2 gestrichene Eßlöffel

2 Teelöffel (Kaffeelöffel) = 1 Eßlöffel

Sirup und Melasse: Wenn Du Sirup abmessen willst, mußt Du einen Eßlöffel in sehr heißem Wasser anwärmen und wieder abtrocknen. Der Sirup läuft dann glatt vom Löffel. 1 Eßlöffel Sirup entspricht ungefähr 40 Gramm.

1 *Prise* Salz oder Pfeffer ist soviel, wie Du zwischen Daumen und Zeigefinger halten kannst.

Eine Backform fetten oder ein Stück Alufolie einölen: Ein winziges Stückchen Butter oder Margarine oder auch ein paar Tropfen Öl tust Du auf ein Stück Küchenkrepp, und dann reibst Du mit diesem Stück Papier solange über die Oberfläche der Backform oder die Alufolie, bis alles mit einer dünnen Fettschicht überzogen ist. Das Ganze soll fettig glänzen, mehr nicht!

Wie man ein Ei aufschlägt: Man schlägt das Ei fest gegen einen Tassenrand, so daß es etwa in der Mitte einen Sprung bekommt. Man teilt es in zwei Hälften und läßt das Innere in die Tasse gleiten. Falls ein Stückchen Schale mit hineingerät, kann man sie so am besten wieder herausfischen (mit Hilfe der einen Schalenhälfte). Außerdem kann man feststellen, ob das Ei frisch ist, ehe es zu spät ist.

Wie man Eigelb und Eiweiß trennt: Stell zwei Schälchen oder Tassen bereit. Schlag das Ei über der einen von beiden auf und laß das Eigelb *vorsichtig* von der einen Hälfte der Eierschale in die andere gleiten. Das Weiße flutscht dann in das darunterstehende Schälchen. Das Eigelb tust Du in das andere Gefäß. Je nachdem, was Du brauchst, gibst Du dann Eiweiß an Deine übrigen Zutaten.

Wer das zu verzwickt findet, der kann eine andere Methode probieren: man läßt das ganze Ei auf eine Untertasse gleiten, stülpt eine kleine Tasse über das Eigelb und gießt das Eiweiß in ein Schälchen.

Wie man eine Zwiebel schneidet: Mit einem scharfen Messer schneidet man von beiden Enden der Zwiebel eine Scheibe ab. Die braunen Häute zieht man ab.

Von oben nach unten schneidet man die Zwiebel in zwei Hälften. Beide Zwiebelhälften legt man mit der Schnitt-

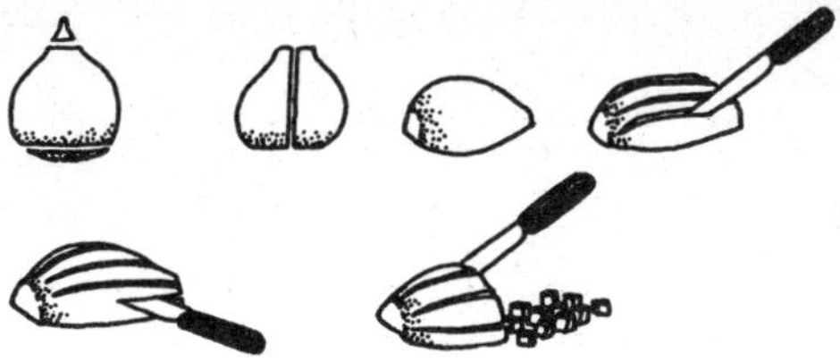

fläche nach unten auf ein Brettchen. Die Wurzel soll links sein (bei Linkshändern rechts). Jetzt schneidet man in Abständen von ungefähr 1/2 Zentimeter längs durch die Zwiebel, ohne daß die Wurzel mit durchgeschnitten wird. Dadurch wird die Zwiebel zusammengehalten. Als nächstes schneidet man von der Spitze her waagerecht durch die Zwiebel, wieder in Abständen von etwa 1/2 Zentimeter und wieder, ohne die Wurzel durchzuschneiden.

Als letztes schneidet man die Zwiebel mehrmals quer durch; dann zerfällt sie in kleine Würfel.

Mit der zweiten Hälfte kann man das Ganze wiederholen.

Wenn Dir beim Kochen etwas schiefgeht: Laß Dich nur nicht aus der Fassung bringen, wenn die eine oder andere Deiner Bemühungen beim ersten Versuch ein richtiger Reinfall wird. Auch mißglückte Ergebnisse können prima schmecken, und darauf kommt's doch schließlich am meisten an — außerdem sehen sie ganz bestimmt hausgemacht aus!

Beim nächstenmal hast Du ganz sicher mehr Glück — Du mußt Dich nur ganz genau ans Rezept halten. Übung macht zwar noch lange keinen perfekten Koch, aber sie hilft.

Ob mittags, ob abends . . .

Gebackene Eier

Du wirst staunen, wie sehr sich ein gebackenes Ei von einem gekochten oder ›verlorenen‹ unterscheidet. Unter die Eier kannst Du alles druntersteckcn, was Dir einfällt, oder was Du in der Küche so findest, und daraus wird dann ein einfaches, aber leckeres Mahl.

Für so viele Leute, wie Du Eier hast. Oder Du nimmst so viele Eier, wie Du Leute hast.
Backzeit: 5—10 Minuten
Temperatur: Elektroherd 200 Grad, Gasherd Stufe 4
1 Ei pro Person (bei richtigem Hunger mehr)
1 Eßlöffel Sahne
Salz, Pfeffer
Allerhand Häppchen zum Druntertun.
Ein Scheibchen Schinken
Ein Stückchen gebratenen Speck
Ein Eßlöffel geriebener Käse
Ein paar Champignons (aus der Dose)
Eine Tomatenscheibe
Ein Stückchen geröstetes Brot
Gemüsereste
Ein paar Kräuter

Heiz den Ofen vor.
Auf den Boden von Backförmchen oder in die Vertiefungen einer Spezialbackform für Eier oder kleine Kuchen legst Du die Füllung, die Du Dir ausgedacht hast. Dann schlägst Du ein Ei in eine Tasse und läßt es vorsichtig obendrauf gleiten. Darüber kommt dann die Sahne. Am Schluß mit ein bißchen Salz und Pfeffer würzen. 8—10 Minuten backen, bis die Eier gar, aber noch nicht steinhart sind. Wenn man die Förmchen hin und her bewegt, sollte das Weiße fest sein, das Gelb aber noch etwas wabbeln. Und dann gleich aufessen! Denk an die Topflappen, wenn Du den Backofen aufmachst, um die Gebackenen Eier herauszuholen.
Eine andere Methode: man nimmt ausgehöhlte Backkartoffeln als Förmchen. Das geht so: erst mußt Du die Kartoffeln 45 Minuten lang bei 200 Grad oder auf Stufe 4 des Gasherdes in der Röhre backen. Dann nimmst Du die Kartoffel mit einem dicken Tuch in die Hand und schneidest oben einen Deckel herunter, höhlst die Kartoffel in der Mitte mit einem kleinen Löffel aus und füllst Deine Füllung in das Loch. Dann backst Du das Ganze wie oben beschrieben.

Kleines Loblied auf das Hackfleisch: Hackfleisch hat bei vielen zu Unrecht einen schlechten Ruf, so als ob das etwas Dürftiges wäre, was oft nicht reicht und langweilig schmeckt. Dabei kann Hackfleisch großartig schmecken. Es ist billig, schnell zubereitet und vielseitig verwendbar. Aus Hackfleisch, einem Ei und Gewürzen macht man Buletten (Beefsteaks, Klopse, Frikadellen, Fleischpflanzerl und wie sie noch heißen) und Hamburger. Komischerweise schmecken sie jedesmal ganz anders, je nachdem, was für eine Form sie haben. Aus Hackfleisch und Tomaten macht man Griechischen Hirtenauflauf und italienische Spaghetti Bolognese.

Fleischklopse

250 Gramm (1/2 Pfund) Hackfleisch (vom Lamm, vom Schwein oder vom Kalb)
1 Eigelb
1 kleingeschnittene kleine Zwiebel (wenn Du Zwiebel magst)
1 Prise Salz und Pfeffer
1 paar Tropfen Worcestershire Sauce
1 winzige Prise Zimt (schmeckt überraschend gut dazu)
1 Eßlöffel Mehl
1 Eßlöffel Öl oder anderes Bratfett (Palmin, Biskin, Margarine)

Wenn Du welche drantust, schneid die Zwiebel klein. In einer großen Schüssel vermischst Du alle Zutaten bis auf das Mehl und das Fett. Saubere Hände sind dabei von Vorteil.
Mit einem Teelöffel nimmt man von der Masse und formt acht Bällchen daraus. Das Mehr wird auf einem großen Teller verteilt und dann jedes Bällchen darin gerollt. Mach den

Herd an. Das Öl oder Bratfett erhitzt Du in einer Bratpfanne und brätst die Fleischklopse sorgfältig; einmal mußt Du sie mit einem flachen Bratwender umdrehen. In 10—15 Minuten sind die Fleischklopse durchgebraten. Wenn Du Aufsehen erregen willst, steckst Du in jeden fertigen Fleischklops einen Zahnstocher.
Zu Fleischklopsen paßt auch gut Tomatensoße. Siehe Rezept auf S. 26.

Hamburger

Bratzeit: 10—15 Minuten
Hackfleischmischung wie bei Fleischklopsen
4 weiche Brötchen (Milchbrötchen)

Mach's genauso wie oben, nur daß Du statt der Bällchen vier flache Scheiben aus der Masse formst. Die werden gebraten wie die Klopse. Vorsichtig herausheben und auf die untere

Hälfte je eines aufgeschnittenen Brötchens gleiten lassen. Wenn Du willst, kannst Du die Brötchen vorher toasten. Dazu kommen dann noch ein paar rohe Zwiebelringe, Senf und Ketchup und obendrauf die zweite Brötchenhälfte.

Griechischer Hirtenauflauf

Wenn Du keinen Joghurt magst, mußt Du einmal diesen Auflauf probieren. Er hat eine Ei-Käse-Joghurt-Kruste, die sehr lecker ist. Das Rezept beruht auf einem griechischen Gericht mit Namen Moussaka. Die Hirten sind begeistert davon!
Die Angaben sind für vier zaghafte oder zwei normale Portionen berechnet.
Backzeit: 30 Minuten.
Backtemperatur: Elektroherd 200 Grad, Gasherd Stufe 4

$^1/_2$ Pfund Hackfleisch vom Rind oder Lamm
1 gehackte Zwiebel
1 Eßlöffel Öl
1 halbe Dose Tomaten
1 Prise Pfeffer und Salz
3 Eßlöffel Joghurt (ohne Geschmack)
1 Ei

Stell den Backofen an.

1. Teil: Die Zwiebel wird in kleine Stücke geschnitten. Dann erhitzt Du das Öl in einer Bratpfanne und brätst die Zwiebel solange an, bis sie anfängt, weich zu werden. Fleisch und Gewürze werden dazugetan und mit einer Gabel in der Pfanne verteilt. Das Ganze brät, bis es braun ist. Unterdessen öffnest Du die Dose mit den Tomaten. Die tust Du dazu und läßt das Gericht kräftig kochen, bis fast die ganze Flüssigkeit verkocht ist. Dann füllst Du die Mischung in eine kleine feuerfeste Form (Auflaufform, Backform).
2. Teil: Schlag das Ei in eine Schüssel. Gib den Joghurt dazu. Beides wird mit dem Schneebesen geschlagen, bis es gut vermischt ist, über die Fleischmischung gegeben und mit geriebenem Käse überstreut. 30 Minuten backen.

Spaghetti Bolognese

Die Italiener sind fest davon überzeugt, daß man einmal am Tag Spaghetti essen muß, um ein langes glückliches Leben zu erreichen. Es könnte gut sein, daß Du genau dasselbe findest, wenn Du die Kunst erlernt hast, Spaghetti so zu kochen, daß sie genau richtig sind.
Soße:
Alles wie im 1. Teil vom Griechischen Hirtenauflauf, nur daß die Mischung diesmal ziemlich flüssig bleiben soll. Dazu läßt man die Soße auf ganz kleiner Flamme köcheln, während die Spaghetti gekocht werden.
Spaghetti:
In einem großen hohen Topf bringt man drei Liter Wasser mit einem Teelöffel Salz und einem Teelöffel Öl zum Kochen. Das Öl verhindert das Zusammenkleben der Nudeln. Ins sprudelnd kochende Wasser gibst Du die Spaghetti. Bei der Menge mußt Du Dich nach der Packung richten. Was

vor dem Kochen nach wenig aussieht, ergibt einen ganz schönen Berg. Mit einem Pfund Spaghetti kann man sechs Kinder mit großem Hunger satt kriegen. Wenn Du die lange Sorte Spaghetti nimmst (die besten von allen), dann brich sie erst in der Mitte durch. Bei der Kochzeit folgst Du der Angabe auf der Packung. Es wird ungefähr 10 Minuten dauern. Ab und zu umrühren. Um zu probieren, ob sie gar sind, fischt man mit einer langen Gabel eine Nudel heraus, läßt sie abkühlen und beißt hinein. Die Spaghetti sollen weich, aber nicht zu weichlich sein. Wenn Du nicht aufpaßt und die Spaghetti zu lange kochen läßt, wird daraus ein klebriges Knäuel. Du gießt sie über einem Sieb ab, das Du über den Ausguß oder einen Topf gehängt hast. Die abgetropften Spaghetti tust Du in eine Schüssel, gießt die Soße aus der Pfanne darüber und bestreust das Ganze mit geriebenem Käse.

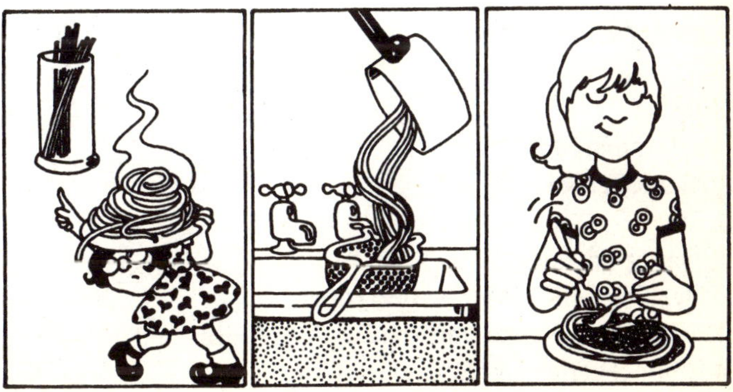

Tomatensoße

Diese nützliche Soße paßt gut zu Spaghetti (Napoletana) und zu Fleischklopsen.

1 Eßlöffel Öl
1 Dose Tomaten
1 Prise Salz und Pfeffer
1 Teelöffel Zucker
1 Prise Kräuter — versuch mal Basilikum
Ein paar Tropfen Worcestershiresoße

Das Öl erhitzt man in der Kasserolle. Vorsichtig fügt man dann die Tomaten aus der Dose dazu, würzt und läßt das Ganze 5 Minuten auf kleiner Flamme kochen.
Dabei rührt man mit dem Kochlöffel um, bis die Tomaten zerfallen sind und die Sauce dicklich ist.
Schon fertig!

Käsepfannkuchen

Teig:
100 Gramm Mehl
1/4 Teelöffel Salz
1 Ei
Etwas Speck oder Öl
3 Deziliter Milch (Meßbecher!) oder
1 1/2 Deziliter Wasser und 1 1/2 Deziliter Milch
4 Eßlöffel geriebener Schweizer Käse

Mehl und Salz siebst Du in eine Rührschüssel. Das Ei schlägst Du in eine Tasse. Mit dem Rücken eines Eßlöffels drückst Du eine Vertiefung in das Mehl und gibst das Ei hinein. Dann kommt ein bißchen von der Milch dazu. Mit einem Kochlöffel rührt man dann Ei und Milch zusammen und mischt nach und nach das Mehl unter. Dabei gibt man immer wieder Milch dazu. Wenn die ganze Milch mit dem Mehl verrührt und die Mischung glatt ist, schlägst Du sie mit dem Holzlöffel, bis kleine Luftblasen auftauchen. Dann fügst Du den Käse hinzu und rührst um.

In einer kleinen Pfanne läßt Du einen Teelöffel Öl heiß werden. Einen Eßlöffel der Mischung tust Du in die Mitte der Pfanne und dann bewegst Du sie so, daß der Teig sich auf dem ganzen Pfannenboden verteilt. Zwei Minuten backen lassen, bis sich ein knusprig brauner Rand zu bilden beginnt.

Dann wendest Du den Pfannkuchen mit einem Bratwender und backst die andere Seite. Das wiederholst Du so oft, bis der ganze Teig aufgebraucht ist.

Achtung: der erste Pfannkuchen ist immer der schlimmste. Manchmal ist es am besten, man wirft ihn weg.

Und diese Füllungen kannst Du in Deine Pfannkuchen einrollen:

1 halbe Dose Baked beans (warmgemacht)

Alle Arten von Fleisch- oder Gemüseresten (*sehr gut* warmgemacht, zum Fingerverbrennen heiß)

1 gebratenes Ei
Etwas gebratenen Speck
1 kleine Dose Mais (warmgemacht)
Bratwürstchen oder Bockwurst

Yorkshire Pudding

Am Sonntagsessen ist das Beste der Yorkshire Pudding, finde ich. Das ist Pfannkuchenteig, der im Ofen gebacken wird, weiter nichts.
Backzeit: 40 Minuten
Backtemperatur: Elektroherd 225 Grad, Gasherd Stufe 5
Zuerst den Ofen einschalten und vorheizen. Den Teig machst Du so, wie im Rezept für Käsepfannkuchen angegeben, nur den Käse läßt Du weg.
In eine Backform tust Du 2 Eßlöffel Öl oder Schmalz oder anderes Backfett. Du kannst statt der großen Backform auch kleine Förmchen nehmen; dann mußt Du in jedes Förmchen einen Teelöffel Fett tun. Fünfzehn Minuten lang muß das Fett in der Form im Ofen heißgemacht werden. Vorsichtig herausholen — mit Topflappen! Wenn Du die Pfannkuchenmasse hineingefüllt hast, kommt die Form wieder in den Ofen. Nach fünfundzwanzig Minuten sollte das Ganze aufgegangen und goldbraun sein. Am besten, Du stichst mit einem Holzstäbchen oder einer Stricknadel hinein — wenn beim Herausziehen noch Teig dranklebt, braucht der Pud-

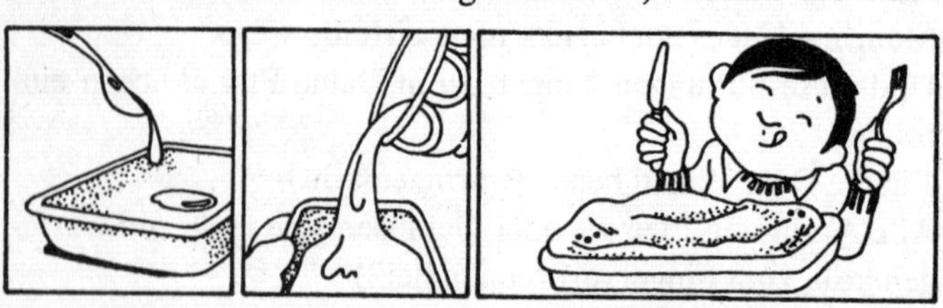

ding noch fünf bis zehn Minuten.
Mit Ahornsirup übergossen, ist der Pudding eine herrliche Nachspeise.

Kröte im Loch

Kröten im Loch sind Würstchen im Yorkshire Pudding.
Backzeit: 45 Minuten
Backtemperatur: Elektroherd 225 Grad, Gasherd Stufe 5

4 dicke Würstchen oder 8 dünne Würstchen
1 Eßlöffel Backfett
Pfannkuchenteig wie bei Käsepfannkuchen, ohne Käse.

Erst den Ofen einschalten und vorheizen. Unterdessen rührst Du Deinen Teig an. Wenn Du lange Würstchen hast, kannst Du sie in vier Stücke zerteilen, kleine werden halbiert. Zusammen mit dem Backfett tust Du sie in eine kleine Bratenform oder eine Kuchenform. Die Form wird 15 Minuten im Ofen erhitzt. Dann holst Du sie vorsichtig heraus — Topflappen nicht vergessen! —, füllst die Pfannkuchenmasse ein und schiebst die Form rasch wieder in den Ofen. Nach 30 Minuten kannst Du nachschauen, ob der Teig um das Fleisch herum eine goldene Kruste bekommen hat. Wenn er noch ein bißchen feucht aussieht, dann spendiere ihm noch ein paar Minuten.

Süße Pfannkuchen

Mach Pfannkuchenteig nach dem Rezept für Käsepfannkuchen, aber laß den Käse weg. Dann brätst Du sie genauso, und wenn sie fertig sind, bestreust Du sie mit Zucker und gibst einen Spritzer Zitronensaft darüber.
Du kannst auch einen Löffel Marmelade draufstreichen und den Pfannkuchen dann einrollen. Und dann mit Zucker bestreuen. Apfelmus ist als Füllung auch sehr lecker. Oder Du rollst den Teig um eine Banane, bestreust den Pfannkuchen mit Zucker und tust Sahne obendrauf, wenn welche da ist.

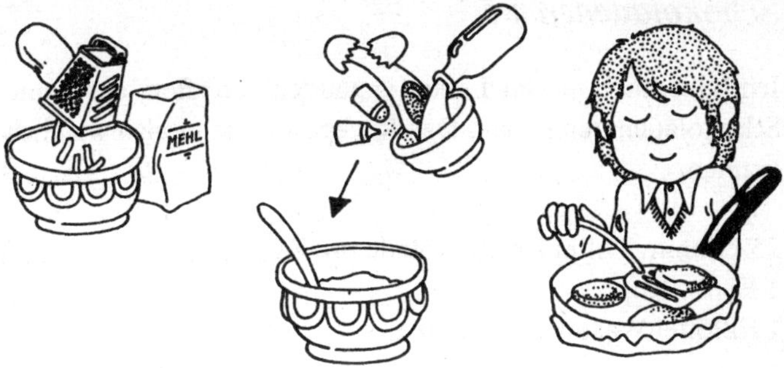

Puffer (Reibekuchen, Reiberdatschi, Plinsen und noch viele andere Namen)

400 Gramm Kartoffeln	1 1/2 Deziliter Milch
2 Eßlöffel Mehl	Salz und Pfeffer
1 Ei	Öl zum Backen

Die Kartoffeln mußt Du schälen und durch die größeren Löcher auf der Reibe in eine Schüssel reiben. Das Mehl kommt dazu. Das Ei wird mit der Milch verquirlt und mit Salz und Pfeffer gewürzt. Diese Flüssigkeit kommt zur Kartoffel-Mehl-Mischung. Der Teig sollte dünn genug sein, um vom Löffel zu tropfen. Zur Not gibst Du noch etwas Milch dazu.
Ein Teelöffel Öl wird in der Bratpfanne erhitzt. Wenn es heiß ist, tut man einen Eßlöffel Pufferteig hinein und brät ihn auf einer Seite braun. Mit dem Bratwender umdrehen und die andere Seite braten, bis sie braun und knusprig ist. Wenn Ihr eine große Bratpfanne habt, kannst Du auch mehrere Puffer auf einmal backen. Sonst muß man die Puffer im Herd warmhalten (bei niedriger Temperatur!)
Puffer schmecken gut mit Eiern, Würstchen oder Speck — und natürlich mit Zucker und/oder Kompott.

Schokoladencreme

Ich habe noch nie im Leben jemanden getroffen, der keine Schokoladencreme mag. Das Rezept muß man also wirklich kennen.

25 Gramm Vollmilchschokolade pro Kopf
1 Ei pro Kopf
1 Eßlöffel Wasser oder Kaffee

Die Schokolade bricht man in Stückchen, und dann kommt sie mit dem Eßlöffel Wasser oder Kaffee in einen Topf und wird im Wasserbad langsam geschmolzen. Wie man ein Wasserbad macht, habe ich vorn unter »Pfiffiges Spielzeug« beschrieben. Jetzt werden Eiweiß und Eigelb voneinander getrennt (Wie das geht, steht unter »Nützliche Ratschläge« am Anfang des Buches!) Die Eigelb werden in einer Rührschüssel verquirlt.
Nimm die geschmolzene Schokolade vom Herd und laß sie auskühlen. Die Eigelb werden hineingerührt.
Die Eiweiß schlägst Du in einer anderen Schüssel mit einem sauberen, trockenen Schneebesen oder einem Rührgerät. Sie müssen zu ganz steifem Eischnee werden. (Du mußt unbedingt darauf achten, daß kein bißchen Eigelb ins Eiweiß gerät, wenn Du beides trennst, denn sonst kannst Du das Eiweiß schlagen, solange Du willst — daraus wird niemals Schnee!)
Mit einem Metallöffel gibst Du die Schokolade-Eigelb-Mischung zum geschlagenen Eiweiß. Behutsam mischen, indem man die Schokoladencreme vorsichtig mit dem Löffel unter den Eischnee zieht. Nicht rühren! Jetzt füllst Du die Creme in eine Schüssel oder in Schälchen und stellst sie ein paar Stunden kalt.

Bratäpfel

Dies Gericht macht man am besten, wenn noch jemand den Backofen benutzt. Wenn ein Eiweiß von einem anderen Rezept übriggeblieben ist, kannst Du »Verschneite Bratäpfel« machen, die großartig aussehen!
Backzeit: 45 Minuten
Backtemperatur: Elektroherd 200 Grad, Gasherd Stufe 4

Ein Apfel pro Person (Koch- oder Eßäpfel, beide eignen sich)
Butter oder Margarine
Aprikosenmarmelade oder Johannisbeergelee
1 Eßlöffel Rosinen oder Sultaninen pro Person oder
1 Eßlöffel Studentenfutter (Rosinen und Nüsse gemischt)
Brauner Zucker

Wenn gewünscht:
1 Eiweiß
2 Eßlöffel Puderzucker

Wenn der Backofen noch nicht heiß ist, schaltest Du ihn ein. Mit einem spitzen Messer schneidest Du rundherum in die Apfelschale. Das verhindert, daß die Apfelschale im Backofen platzt. Wenn Du einen Apfelausstecher hast, dann stich damit aus jedem Apfel das Kerngehäuse heraus, oder Du machst das vorsichtig mit einem Messer. Die ausgestochenen Äpfel setzt Du in eine Backform.
Das Innere jedes Apfels füllst Du mit Rosinen, Sultaninen oder einer Mischung von Nüssen und Rosinen. Zur Weihnachtszeit könntest Du auch einen Löffel Hackfleisch nehmen. Auf jeden Apfel streust Du braunen Zucker und setzt obenauf ein Stückchen Butter oder Margarine. Als letztes streichst Du einen Löffel Marmelade oder Gelee auf jeden Apfel.
In die Backform gießt Du eine Tasse Wasser und backst die Äpfel 45 Minuten im Backofen, bis sie weich und klebrig sind.

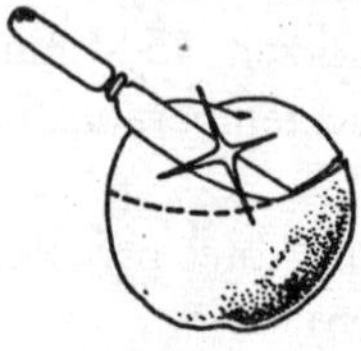

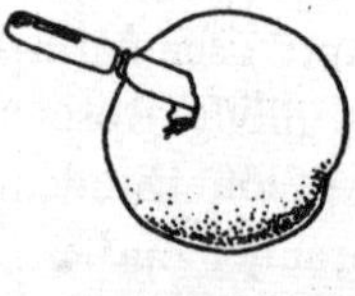

Verschneite Bratäpfel

Eine halbe Stunde, ehe die Äpfel fertig sind, schlägst Du das Eiweiß mit dem Schneebesen, bis es steif und schneeig aussieht und die Spitzen ganz starr sind. Du gibst den Zucker hinzu und schlägst weiter, bis die Mischung glänzend ist und fest. Mit Hilfe von Topflappen holst Du die Backform aus dem Ofen. Einen Löffel von der Mischung (oder Meringe, wie sie jetzt heißt), tust Du oben auf jeden Apfel. Mit Hilfe der Topflappen schiebst Du dann die Form noch für dreißig Minuten in den Ofen. Jeder Apfel wird von einer glitzernden Schneemütze bedeckt sein.

Parties und Getränke

Hörnchen

Hausgemachte Hörnchen, die noch warm mit Marmelade und Butter (oder sogar mit Schlagsahne) gegessen werden, gehören einfach dazu, wenn man jemanden zum Kaffee oder Tee einlädt.
Backzeit: 10—12 Minuten
Backtemperatur: Elektroherd 250 Grad, Gasherd Stufe 8

200 Gramm Mehl und
2 Teelöffel Backpulver
dazu
25—50 Gramm Butter oder Margarine
1 Teelöffel Salz
1½ Deziliter Milch
Der Backofen wird vorgeheizt.

Das Backpulver und das Mehl schüttest Du durch ein Sieb in eine Schüssel. Dazu kommt das Salz.
Mit den Fingern arbeitet man das Fett in das Mehl, bis es zu einer Menge winziger Klumpen wird. Falls Du Flüssigmargarine verwendest, rührst Du sie in einem Holzlöffel hinein.
Die Hälfte der Milch wird hinzugefügt und die Mischung zusammengedrückt. Wenn sie zu trocken und krümelig zu sein scheint, tust Du ein bißchen mehr Milch hinzu, bis Du einen Teig hast, der sich ausrollen läßt. Er soll nicht zu trocken und nicht zu klebrig sein.
Auf ein Brett oder einen Tisch streust Du Mehl, bemehlst auch das Nudelholz und rollst den Teig aus, bis er etwa 12 Millimeter dick ist. Mit einem Ausstechförmchen (oder zur Not mit einem umgekehrten Eierbecher) stichst Du runde oder hörnchenförmige Teigplätzchen aus. Das Gerät, mit dem Du ausstichst, mußt Du immer wieder in Mehl tauchen,

damit der Teig nicht daran kleben bleibt. Die übriggebliebenen Teigfetzen kannst Du wieder zusammendrücken und neu ausrollen und immer so weiter. Und dann geht's von vorne los.
Ein Backblech fettest Du mit ein bißchen Butter oder Öl und setzt die Hörnchen mit kleinen Zwischenräumen darauf; sie werden größer, während sie backen. Wenn Du ein bißchen Milch übrig hast, kannst Du sie mit einem Pinsel über die Oberfläche der Hörnchen streichen, dann bekommen sie eine braune Kruste, während sie backen. Setz das Backblech auf die mittlere Einschubleiste im Backofen und laß es 10 bis 12 Minuten drin. Die Hörnchen werden in zwei Teile aufgeschnitten oder gebrochen, warm mit Butter und Marmelade gegessen.

Nußtaschen

Blätterteig ist sehr schwierig zu machen. Deshalb nimmt man besser gefrorenen, der auch sehr gut ist. Übriggebliebenen Teig kann man gut für Würstchen im Schlafrock verwenden (das Rezept steht im Picknickkapitel).
Backzeit: 15 Minuten
Backtemperatur: Elektroherd 225 Grad, Gasherd Stufe 7

Ein Päckchen Blätterteig aus der Gefriertruhe
3 Eßlöffel Kondensmilch
50 Gramm gehackte Walnüsse
50 Gramm Rosinen oder Sultaninen
50 Gramm Vollmilchschokolade

Der Ofen wird vorgeheizt.
Wie man mit dem gefrorenen Blätterteig umgeht, steht auf

der Schachtel. Die einzelnen Stücke, oder wenn Du ein Päckchen mit einem großen Stück Blätterteig kaufst, der ganze Teig, werden so dünn ausgerollt, wie sich das ohne Schwierigkeiten machen läßt. Dicker als 2 Millimeter sollte er nicht sein. Du schneidest ihn in Vierecke, die ungefähr sieben oder acht Zentimeter Kantenlänge haben. Die Schokolade reibst Du in eine Schüssel.

Die Nüsse, Rosinen und die Milch werden dazugetan, und das Ganze wird vermischt.

Ein Teelöffel der Mischung kommt in die Mitte von jedem Teigstück.

Die eine Hälfte des Teigvierecks wird so über die andere geschlagen, daß man ein Dreieck hat. Die Kanten werden fest aneinander gepreßt.

Mit ein bißchen Kondensmilch werden die Taschen bestrichen und dann noch mit ein wenig Zucker bestreut.

Ein Backblech wird mit Butter oder Öl eingepinselt, und die Blätterteigtaschen werden in Reihen darauf gesetzt. Sie müssen 15 Minuten auf der mittleren Einschubleiste backen, bis sie aufgegangen und goldbraun sind.

Biskuitkuchen

Dieser Kuchen hat drei Vorzüge. Er läßt sich schnell bereiten, ist nicht schwierig zu machen und nicht teuer. Andererseits läßt er sich nicht gut aufheben, aber wer will das schon!

Backzeit: 15—20 Minuten

Backtemperatur: Elektroherd 225 Grad, Gasherd Stufe 5

100 Gramm Flüssigmargarine

100 Gramm Mondamin

100 Gramm Mehl und 2 Teelöffel Backpulver

2 Eier
100 Gramm Puderzucker

Der Ofen wird vorgeheizt.
Ein kleines Stückchen Butter oder Margarine tut man auf ein Stück Butterbrotpapier oder Alufolie und fettet damit zwei kleine Backformen ein. In jede Form tut man einen Teelöffel Mehl und schüttelt es so hin und her, daß die ganze Form mit Mehl bestäubt ist. Alles, was nicht hängengeblieben ist, wird weggeschüttet. Alle Zutaten kommen in eine große Schüssel und werden solange mit einem Holzlöffel geschlagen, bis sie gut vermischt und leicht sind. Die Mischung wird auf die beiden Formen aufgeteilt und oben mit einem Messer glattgestrichen. Beide kommen für 15 bis 20 Minuten in den Backofen. Wenn Du herausfinden willst, ob der Kuchen fertig ist, drückst Du *leicht* mit dem Finger auf die Mitte des Teigs: die Delle, die dadurch entsteht, muß von selbst wieder weggehen.
Hol die beiden Backformen aus dem Backofen und laß sie auskühlen. Mit einem Messer fährst Du dann zwischen Kuchen und Backform am Rand einmal herum und tust ihn dann auf ein Kuchengitter. Damit Du ihn gut herausbekommst, mußt Du einen Teller über den Kuchen halten und dann das Ganze auf den Kopf stellen. Wenn Du eine Springform hast, kannst Du sie einfach öffnen, nachdem Du den Kuchen mit dem Messer rundherum gelöst hast.
Die zwei Kuchen können dann aufeinander gesetzt werden, und in der Mitte bestreicht man sie mit Marmelade.
Wenn Du obenauf eine einfache Verzierung machen willst, dann nimmst Du entweder ein Papierdeckchen oder schneidest aus Papier eine Schablone zurecht. Die legst Du dann auf die Oberfläche des Kuchens und schüttelst gleichmäßig Puderzucker über das Ganze. Am besten, Du schüttelst ihn

mit einem Sieb darüber. Dann nimmst Du das Papier vorsichtig weg und hast ein Muster aus Zucker. Oder Du machst einen Zuckerguß.

Zuckerguß:
200 Gramm Puderzucker
1 Eßlöffel Wasser
1 Eßlöffel Orangen- oder Zitronensaft
Farbstoff (wenn Du das magst)

Den Puderzucker siebst Du in einen Napf. Das Wasser erhitzt Du, vermischst es mit dem Saft und gibst es nach und nach zum Puderzucker, während Du schlägst, bis der Guß den Löffel umhüllt und glänzt.
Wenn Du Farbe benutzen willst, mußt Du Lebensmittelfarbstoff nach Anweisung aus dem Päckchen benutzen.
Den Zuckerguß gießt Du über die Kuchen und verteilst ihn mit einem Messer, das Du in heißes Wasser getaucht hast. Während Du den Rest verteilst, mußt Du es immer wieder eintauchen.
Mit Schokoladenkaffeebohnen, Kuchenstreuseln, Gummibärchen und was es sonst noch alles gibt, kannst Du den Kuchen verzieren. Diesen Kuchen kann man auch gut in Aluminiumformen backen oder in Förmchen. Auch diese Kuchen solltest Du mit Puderzucker bestreuen oder mit Zuckerguß überziehen.

Phantastische Sandwichs

Eines Tages saß der Earl of Sandwich am Spieltisch. Das machte ihm soviel Spaß, daß er eine Unterbrechung nicht dulden wollte und nicht an den Eßtisch zu kriegen war. Also packte er eine Scheibe Roastbeef zwischen zwei Brotscheiben und eine ganz neue Art zu essen war geboren. Wenn *Du* gerade mit Spielen beschäftigt bist, willst Du vielleicht einfach nur ein schlichtes Wurst- oder Käsebrot — die folgenden Rezepte sind für besondere Gelegenheiten, und Du kannst sie Deinen Freunden vorsetzen, wenn Du ein Fest veranstaltest.

Was man alles auf ein Sandwich tun kann:

Thunfisch
Man öffnet eine kleine Dose Thunfisch (Öl abtropfen lassen) und tut den Fisch in einen Napf. Dann fügt man einen Eßlöffel Mayonnaise oder Salatcreme und Salz und Pfeffer hinzu. Damit etwas zum Knabbern dabei ist, tust Du ein bißchen geriebenen Sellerie oder eine rohe, kleingeschnittene Zwiebel daran; das Ganze gut verrühren.

Rote Eiercreme
Zwei Eier läßt man zehn Minuten lang kochen, bis sie hart sind, und läßt dann solange kaltes Wasser darüber laufen, bis sie kalt sind. Dann schält man sie, hackt sie klein und vermischt sie mit einem Eßlöffel Tomatensauce, einem Teelöffel Worcestershiresauce, Salz und Pfeffer. Wenn etwas Petersilie da ist, kann man ein paar Stengel klein hacken und dazutun.

Käse und Apfel

Den Apfel sticht man aus und schneidet ihn der Länge nach in dünne Scheiben. Dann reibt man etwas Hartkäse und tut eine Lage Käse und eine Lage Apfelscheibchen auf das Sandwich.

Sardine und Tomate

Man öffnet eine kleine Dose Sardinen und gießt das Öl ab. Die Sardinen tut man in einen Napf. Dazu gibt man eine große oder zwei kleine, geschnittene Tomaten. Zusammen mit etwas weicher Butter oder Margarine vermischt man alles mit einer Gabel, bis es eine glatte Masse ist. Man würzt mit einer Prise Salz und Pfeffer.

Dreistöckige werden aus braunem und weißem Toastbrot und zwei Füllungen gemacht und sehen sehr attraktiv aus.

Offene Sandwiches sind hübsch. Man nimmt einfach die letzte Scheibe im Toastbrotpaket und garniert den Belag, den man ausgewählt hat, nach Belieben mit Gurkenscheiben, Ei und Tomate. Ein bißchen Petersilie verleiht dem Ganzen fast etwas Profihaftes.

Gerollte Sandwiches müssen aus ganz frischem Brot gemacht werden. Von jeder Scheibe schneidet man die Kruste ab, streicht Butter darauf, und dann kommt eine Scheibe ganz dünn geschnittener Schinken oder irgendein weicher Belag. Dann rollt man das Sandwich auf und schneidet es in runde Taler, die fast wie Feuerräder aussehen.

Gebratenes Sandwich

Zwei Scheiben Brot werden gebuttert. Die ungebutterte Seite der einen Scheibe Brot wird mit Tomatenketchup bestrichen. Obenauf kommt eine Scheibe Käse und darauf die zweite Scheibe Brot, deren gebutterte Seite dann außen ist. Man brät dieses Sandwich in etwas Butter in der Pfanne; erst die eine Seite, dann die andere, danach schneidet man es in vier Teile.

Zimttoast

Man toastet soviel Scheiben, wie man möchte. Für jede Scheibe vermischt man einen gehäuften Teelöffel Zucker mit einer Prise Zimt. Man buttert den Toast, solange er noch warm ist, und bestreicht ihn mit der Zucker- und Zimtmischung. Eine Minute lang tut man das Brot unter den Grill, so daß der Zucker ein bißchen schmilzt.

Apfelsinengelee

Wenn man dies Apfelsinengelee, wenn es fertig ist, behutsam schneidet, sieht es aus wie richtige Apfelsinenscheiben, nur daß da Gelee ist, wo sonst das Fruchtfleisch ist.
Ein Paket Götterspeise. Apfelsinengötterspeise sieht am natürlichsten aus, man kann aber auch jede andere Geschmacksrichtung nehmen.
3 Apfelsinen
Du zerschneidest die Apfelsinen in Hälften und preßt den Saft in einen Meßbecher, ohne die Orangenschalen kaputtzumachen. So vorsichtig wie möglich mußt Du dann die weiße Haut und das Fruchtfleisch aus dem Inneren der Orangenhälfte herauskratzen. Das geht am besten mit einem Löffelchen.
Das Gelee stellt man her, indem man den ausgepreßten Orangensaft als Teil der nötigen Flüssigkeit verwendet. Wieviel man dafür braucht, steht auf der Anweisung auf dem Päckchen. *Doch nimmt man eine Tasse weniger Wasser als auf der Packung angegeben ist.* Dadurch wird das Gelee fest genug zum Schneiden.

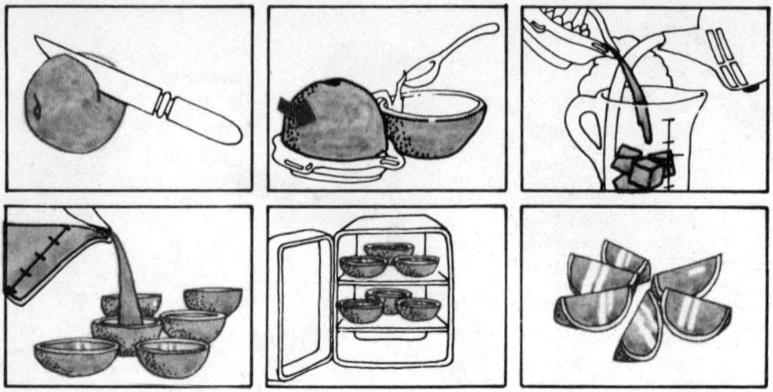

Das noch flüssige Gelee gießt man in die Apfelsinenhälften. Man setzt sie dann in den Kühlschrank oder an einen kühlen Ort. Wenn das Gelee richtig fest ist, schneidet man die Apfelsinenhälften in zwei Teile.

Eis läßt sich erstaunlich leicht herstellen, und wenn man erst einmal die Grundmethode kennt, kann man sich die tollsten Geschmacksrichtungen ausdenken. Die beiden Zutaten, die man braucht, sind ein Kühlschrank und die Geduld abzuwarten, bis die Mischung gefroren ist!

Vanilleeis

6 Deziliter Milch
75 Gramm Zucker
Ein Stück Vanillenstange oder Vanillenessenz
2 Eigelb
1 1/2 Deziliter Schlagsahne

Eigelb und Eiweiß werden getrennt (siehe Kapitel »Nützliche Ratschläge«). Das Eigelb schlägt man. Die Eiweiß hebt man in einer zugedeckten Tasse im Kühlschrank auf. Die Milch, die Eigelb und die Vanille (entweder ein Stück oder 3 Tropfen Vanillenaroma) gibt man in das obere Gefäß des Wasserbads (ebenfalls am Anfang des Buches beschrieben). Das

untere Gefäß füllt man mit heißem Wasser, so daß es nicht ganz bis an den oberen Topf heranreicht. Das Ganze setzt man bei kleiner Temperatur auf den Herd. Die Mischung im oberen Topf rührt man solange, bis sie dick wird. Das Wasser im unteren Topf darf nicht kochen, sonst kann die Mischung gerinnen.
Wenn die Eiercreme (so heißt das, was Du gerade gemacht hast) den Rücken des Löffels überzieht, ist sie fertig.
Man läßt die Eiercreme auskühlen, nimmt die Vanillestange heraus, wenn vorhanden. Die Sahne schlägt man, bis sie dicklich, aber noch nicht steif ist, und mischt sie unter die abgekühlte Creme. Die Mischung füllt man in eine Eisform und bedeckt sie mit Folie. Dann kommt sie in das Gefrierfach des Kühlschranks. Nach einer Stunde nimmt man das Eisgefäß heraus und rührt die Eiscreme um. Das tut man, damit sich keine Eisklumpen bilden. Dann muß man das Gefäß wieder ins Gefrierfach tun und es dort noch mindestens eine Stunde stehen lassen.

Was man alles in einen Supereisbecher tun kann

Eine beliebte Party-Idee ist, daß die Gäste sich selbst ihre Eisbecher zusammenstellen. Dafür trägt man verschiedene Eissorten auf und stellt ein Schälchen mit gehackten Nüssen, ein paar Zierkirschen, Bananenscheiben und ein oder zwei Soßen dazu. Jeder Gast kann sich dann einen großartigen Eisbecher zusammenstellen.

Schokoladensoße

50 Gramm Vollmilchschokolade
50 Gramm Zucker
2 gestrichene Teelöffel Maizena
3 Deziliter Wasser

Die Schokolade reibt man in eine Kasserolle.
Zucker und Maizena gibt man hinzu und vermischt das Ganze mit einem kleinen Teil des Wassers, bis es glatt ist. Dann fügt man den Rest des Wassers hinzu und bringt das Ganze zum Kochen. Man läßt es fünf Minuten leise köcheln und rührt gelegentlich um.

Karamelsoße

75 Gramm brauner Zucker
2 Eßlöffel Sirup (möglichst Ahornsirup)
25 Gramm Butter
4 Eßlöffel Sahne

Alle Zutaten tut man in eine Kasserolle und erhitzt sie langsam, bis sie schmelzen und sich miteinander verbinden. *Nicht kochen lassen.* Tüchtig umrühren.

Goldene Soße

Man erhitzt 3 Eßlöffel Sirup (möglichst Ahornsirup), läßt ihn jedoch nicht kochen.

Getränke

Wußtest Du schon, daß ein Produkt, auf dem »Zitrone« oder »Orange« steht, auch nicht eine Spur Frucht in sich haben muß? Sei also klug, tu was für die Gesundheit und mach Dir selber Saft!

Zitronenlimonade

4 Zitronen
100 Gramm Zucker
1, 2 Liter kochendes Wasser

Die Zitronen werden so geschält, daß nur das Gelbe von der Schale abgeht. Das Gelbe tut man mit dem Zucker zusammen in einen Krug. Dann mißt man 1, 2 Liter Wasser ab und gießt sie in den Wasserkessel. Das Wasser kocht man und gießt es über die Zitronenschale und den Zucker. Man rührt um, bis der Zucker sich aufgelöst hat. Dann läßt man es auskühlen. Die Zitronen werden ausgedrückt und durch ein Sieb zu dem Saft gegossen. Die Limonade wird mit Eis serviert.

Eiscremesoda

Apfelsinensaft und Zitronensaft sind sehr gut, aber ich muß sagen, Eiscreme-Sodas sind noch besser.
Der einfachste Weg welche herzustellen ist, eine Kugel Eiscreme unten in ein hohes Glas zu tun und Coca-Cola oder Limonade aufzufüllen. Wenn man es ganz gut machen will, kann man noch einen Eßlöffel geschlagene Sahne oben drauf tun.

Gartenfest und Lagerfeuer

Die folgenden Ideen eignen sich für Rezepte, die man auf dem oder im Feuer kochen kann. Einige davon kann man auch drinnen kochen, damit sie einen draußen warmmachen.

Drinnen zu kochen:

Kandierte Äpfel

Achtung! Zucker kocht bei einer sehr hohen Temperatur und kann Dich böse verbrennen. Du mußt immer besonders aufpassen, wenn Du süße Sachen machst, und ein Erwachsener sollte immer in der Nähe sein.
Bitte einen Erwachsenen, sich danebenzustellen.

6 kleine feste Eßäpfel
200 Gramm Hagel- oder Würfelzucker
3 Deziliter Wasser
Hölzerne Fleischspießchen oder Stäbchen von Eislutschern
1 Erwachsener

Die Äpfel werden gewaschen und abgetrocknet. Ein Blatt Alufolie oder ein Backblech wird eingeölt. Die Stäbchen

steckst Du fest in die Äpfel, und zwar am Ende, wo der Stiel ist. In einem Topf mit dickem Boden mischst Du Zucker und Wasser und läßt beides bei schwacher Hitze auf dem Herd heiß werden. Wenn der Zucker anfängt zu schmelzen, vergrößerst Du die Hitze etwas und kochst die Mischung, bis sie braun zu werden beginnt. Nicht umrühren, da das Blasen verursacht. Wenn die Mischung ungleichmäßig bräunt, bitte einen Erwachsenen, den Topf hochzunehmen und die Mischung im Topf herumzuschwenken. Wenn sie goldbraun ist, nimmst Du sie vom Feuer, und mit Hilfe von Topflappen hebst Du jeden Apfel hoch und drehst ihn in der Glasur. Wenn er gleichmäßig überzogen ist, setzt Du ihn auf die geölte Folie oder auf das Backblech. Du mußt Dich dabei beeilen, damit die Glasur nicht im Topf fest wird. Die Äpfel dürfen nicht zu dicht nebeneinander aufs Blech gesetzt werden, sonst hast Du unzertrennliche Zwillinge. Kandierte Äpfel halten sich nicht länger als einen Tag.

Festliche Baked Beans

Dies ist eine leckere Variante des uralten Lieblingsessens
1 Eßlöffel Pflanzenöl
1 Zwiebel
1 Eßlöffel Tomatenketchup
1 Eßlöffel Sirup
1 Teelöffel Senf
1 Teelöffel Wasser
1 Teelöffel Worcestershiresauce
1 große Dose Baked Beans
2 Bockwürste (nach Belieben)

Das Öl wird in einer Kasserolle erhitzt. Die feingeschnittene

Zwiebel tut man dazu und brät sie, bis sie weich ist. Dann kommen das Ketchup, der Sirup, der Senf, die Worcestershiresauce und das Wasser in die Kasserolle. Umrühren und ein paar Minuten kochen lassen. (Wenn man Bockwürste dazu essen will, muß man sie jetzt in etwa zweieinhalb Zentimeter lange Stücke schneiden und in die Kasserolle geben.) Man öffnet die Büchse Baked Beans und tut sie ebenfalls in die Kasserolle. Das Ganze wird sorgfältig umgerührt, damit sich alles in der Sauce vermischt, und bei kleiner Hitze soll das Gericht dampfend heiß werden. Wenn man Zeit hat, kann man aus einem ausgehöhlten Weißbrot (siehe auch Kapitel Picknick), das man innen buttert und im Ofen aufbackt, ein hervorragendes »Gefäß« für die Bohnen machen. Man setzt das ausgehöhlte Weißbrot auf eine Platte, ehe man es füllt.

Lagerfeuerfutter: Diese Rezepte sind geeignet für das Kochen mit dem Grill oder am Lagerfeuer. Wenn man einen Grill provisorisch herstellen will, kann man einen Rost aus dem Backofen nehmen (wenn Mutter nichts dagegen hat).

Fleischspieße

Man braucht Fleischspieße, die man im Haushaltsgeschäft oder auch beim Fleischer kaufen kann. Für 4 Spieße:
4 Würstchen
2 Tomaten
4 Stück Speck
8 Pilze (wenn gewünscht)
1 Zwiebel
Bratöl
1 Erwachsener

Jede Wurst wird in vier Teile geschnitten. Die Tomate wird geviertelt. Jedes Stück Speck wird halbiert und aufgerollt. Die Zwiebel wird geschält und in Viertel geschnitten.
Nun steckt man auf jeden Spieß ein Stück Wurst, ein Stück Speck, ein Stück Zwiebel und das Ganze gleich noch einmal. Die fertigen Spieße werden mit Öl eingepinselt. Sie werden auf dem Grill geröstet und mit Topflappen oder Grillhandschuhen vorsichtig gewendet. Zwischendurch kann man sie wieder mit etwas Öl bepinseln. Wenn man Bratwürstchen verwendet, muß man darauf achten, daß das Würstchen auch wirklich gar ist, ehe man es ißt.

Hawaispieße: Jedes Stück Speck wird um ein Stückchen Ananas (aus der Dose) gewickelt.

Huhn in Silber

4 Stücke Huhn (Schenkel und Flügel sind gut geeignet)
2 Eßlöffel Öl
1 Eßlöffel Honig
1 Teelöffel Soyasauce
1 Bündel Kräuter (wenn Du welche hast)
1 Prise Salz und Pfeffer
1 Bogen Aluminiumfolie
1 Erwachsener

Die Folie mußt Du in 25-mal-25-Zentimeter-Quadrate zerschneiden. Alle Zutaten für die Sauce werden in einer Rührschüssel vermischt. Wenn der Honig zu fest sein sollte, muß man ihn erst in einem Töpfchen warmmachen. Jedes Stück Huhn wird in die Mitte von einem Stück Folie gelegt. Die Kanten werden nach oben geklappt, so daß das Ganze die Form von einem Korb bekommt.

Die Sauce wird verquirlt und auf die Hühnerteile aufgeteilt. Man fügt die gegenüberliegenden Kanten der Folie zusammen und faltet sie zweimal. Die äußeren Kanten werden nach innen gesteckt und die Folie so weit nach unten geknickt, wie das möglich ist. Man muß ein wasserdichtes Päckchen daraus machen.

Diese Päckchen werden nun auf dem Grill gebacken und innerhalb der 20 Minuten Garzeit öfter umgedreht. Dann wickelt man die Päckchen aus (Topflappen!), und wenn man das möchte, kann man die Hühnerstücke auf dem Grill zu Ende rösten, damit sie außen knusprig werden. Die übriggebliebene Sauce kann man über das Huhn pinseln, während es röstet.

Rippchen vom Lamm oder Schwein

1 Reihe Lamm- oder Schweinerippchen
2 Eßlöffel Öl
2 Eßlöffel Sirup (Ahornsirup)
1 Eßlöffel Essig
1 Prise Salz und Pfeffer
1 Erwachsener

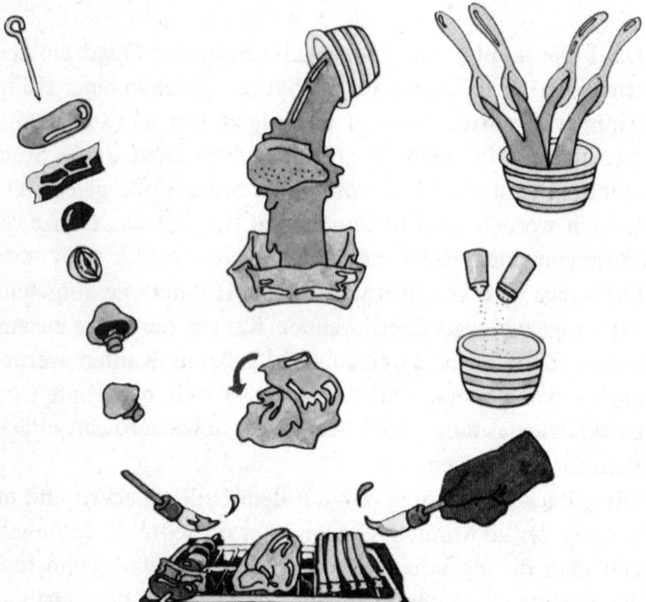

Das Öl, der Sirup und der Essig werden in einer Schale vermischt. Die Rippen werden gesalzen und gepfeffert und auf dem Grill zehn Minuten geröstet. Mit einem Pinsel und mit Hilfe von Grillhandschuhen bepinselt man das Fleisch mit der Sirup-Essig-Mischung. Die Rippen werden immer wieder eingepinselt, bis sie gar sind. Das läßt sich ebenso gut im Backofen machen. Dann werden sie bei 200 Grad im Elektroherd, Stufe 4 im Gasherd 20 Minuten lang geröstet; danach wird die Hitze auf 125 Grad im Elektroherd, beim Gasherd Stufe 2, heruntergeschaltet, und die Rippen werden weitere 30 Minuten gegart und mit der Sauce bestrichen.
Wenn man richtig im Feuer garen will, tut man das am besten, wenn die Flammen heruntergebrannt sind, und es viel Glut vom Holz oder Kohle gibt. Pellkartoffeln, die man auf diese Weise gar werden läßt, sind die besten Kartoffeln der Welt. Ohne einen Erwachsenen in der Nähe darfst Du nicht versuchen, direkt mit offenem Feuer zu kochen.

Backkartoffeln

Ein paar große Kartoffeln werden geschrubbt. Man reibt sie mit ein bißchen Öl ein. Wenn das Feuer nicht groß ist, läßt man sie erst 30 Minuten im Backofen garen (bei 200 Grad im Elektroherd, oder im Gasherd Stufe 4). Bitte einen Erwachsenen, daß er die Kartoffeln in die Glut des offenen Feuers legen soll. Wenn sie vorgekocht sind, brauchen sie 30 Minuten, wenn nicht, eine Stunde. Mit einem Spaten kann man sie aus dem Feuer herausholen. Wenn Du ein Spießchen hineinsteckst, weißt Du, ob sie wirklich gar sind. Faß sie nur mit Grillhandschuhen an. Dann teilst Du sie in zwei Teile und gibst Salz und Butter dazu. Auch eine Scheibe Käse oder etwas Käsecreme paßt gut dazu.

Geröstete Kastanien

Die Eßkastanien werden mit ein wenig Öl eingerieben und die Schalen mit einem Spießchen durchbohrt (das verhindert, daß sie explodieren). Man häuft die Kastanien auf einen Spaten und legt den Teil des Spatens, der aus Metall ist, auf die Glut. Bitte einen Erwachsenen, Glut obenauf zu häufen. Die Eßkastanien brauchen etwa 45 Minuten. Beim Essen mußt Du Handschuhe anziehen.

Geröstete Marshmallows

Du steckst einen Marshmallow an das eine Ende eines langen Stocks. Dann hältst Du den Stock nahe an die Flammen oder die Glut, bis der Marshmallow Blasen zu werfen und zu schmelzen anfängt. Und dann in den Mund damit.

Gebackene Bananen

Bananen kann man in der Schale auf der Glut des Feuers backen. Wenn die Schalen schwarz geworden sind und die Bananen sehr weich, sind sie fertig. Normalerweise reichen dazu zehn Minuten. Man zieht vorsichtig einen Streifen von der Schale ab und ißt das himmlisch klebrige Fruchtfleisch direkt aus dem Bananenboot heraus.

Weihnachten

Sachen, die man Weihnachten kocht, sind großartige Dekorationen. Und statt sie für nächstes Jahr wegzustellen, ißt man sie auf!

Weihnachtsbaumkekse

Backzeit: 20 Minuten
Backtemperatur: Elektroherd 225 Grad, Gasherd Stufe 5

200 Gramm Mehl
100 Gramm Margarine
100 Gramm feiner brauner Zucker
1 Prise gemahlener Ingwer
50 Gramm Sirup
50 Gramm Ahornsirup

Der Ofen wird vorgeheizt. Das Mehl wird in eine große Schüssel gesiebt. Dazu kommen alle anderen Zutaten. Mit den Händen mußt Du die Mischung bearbeiten, bis Du einen gleichmäßig gefärbten Teig hast. Ein Backbrett oder einen Tisch bestreust Du mit Mehl und bemehlst Dein Nudelholz. Den Teig rollst Du auf etwa 3 Millimeter Stärke aus, und dann ist er bereit zum Ausstechen.
Wenn Du Ausstechformen hast, kannst Du sie benutzen. Sonst mußt Du Dir aus Pappe Formen machen und mit einem Messer um sie herumschneiden. Du könntest natürlich auch Buchstaben ausschneiden — die Anfangsbuchstaben aller Familienmitglieder wären bestimmt sehr beliebt.
Deine Kekse verzierst Du mit Korinthen, Kuchenstreuseln, gehackten glacierten Früchten usw. Die Kekse setzt Du auf ein gefettetes Backblech und backst sie auf der mittleren Einschubleiste 20 Minuten oder bis sie hellbraun sind. Auf einem Kuchengitter läßt Du sie kalt werden. Die Kekse werden dann fest. Wenn Du die Hälfte der Menge nimmst, die auf Seite 43 für Puderzuckerguß angegeben ist, kannst Du die Kekse mit einem Spritzbeutel (s. Bild) verzieren.

Zuckerpflaumen

Wer hätte gedacht, daß Pflaumen so gut sein können?
200 Gramm große entsteinte Trockenpflaumen
200 Gramm Zucker
Puderzucker
1 Erwachsener

Die Pflaumen kommen in einen Napf und werden mit kochendem Wasser übergossen. Dann läßt man sie fünf Minuten ziehen. Man gießt sie durch ein Sieb ab und tut sie dann in den Napf zurück. Dann werden sie wieder mit kochendem Wasser übergossen, fünf Minuten stehengelassen und abgegossen.

Die Pflaumen und der Zucker kommen in eine Kasserolle. Sie werden knapp mit kaltem Wasser bedeckt. Man bringt das Wasser langsam zum Kochen und läßt es leise köcheln, bis die Pflaumen dick und zart sind und der Sirup dickflüssig geworden ist. Das wird ungefähr zehn Minuten dauern. Auf eine Platte streut man eine Handvoll Puderzucker. Man spießt eine Pflaume mit einer Gabel auf, läßt den kalten Sirup in die Kasserolle abtropfen und rollt die Pflaume im Puderzucker. Das Ganze wird wiederholt. Dann läßt man sie acht Stunden lang an einem warmen Platz trocknen und bewahrt sie in einem Marmeladenglas auf.

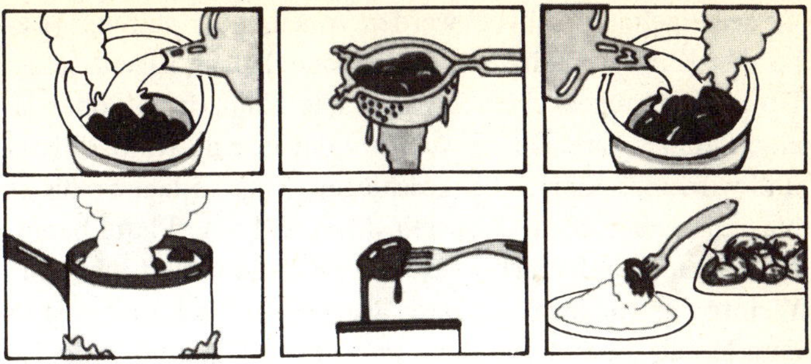

Glacierte Früchte

Ein Berg glacierte Früchte ergibt eine hübsche Tischdekoration. Man kann auch ein paar Nüsse mitverwenden, um die Lücken auszufüllen. Es gibt zwei Methoden.

Mit einem Eiweiß:

Man sucht sich die Früchte aus, die glaciert werden sollen. Mit Weintrauben geht es leicht, und sie sehen sehr gut aus. Die Spälten von Mandarinen müssen sehr vorsichtig auseinandergezogen werden, so daß die Haut heil bleibt, denn sonst wird der Saft die Glasur zum Schmelzen bringen. Ganze Äpfel und Birnen sehen großartig aus. Versuch es auch mit Nüssen: nimm am besten Mandeln, Walnüsse oder Para-

nüsse. Eigelb und Eiweiß werden voneinander getrennt (siehe das Kapitel »Nützliche Ratschläge«). Das Eigelb stellst Du in einer zugedeckten Tasse in den Kühlschrank oder an einen kühlen Ort. Das Eiweiß kommt in eine Rührschüssel und wird mit einer Gabel geschlagen. Man schlägt es, bis es blasig ist, aber noch nicht steif. Man hält eine Platte bereit, die dick mit Puderzucker bestreut ist. Nun nimmt man eine Weintraube (oder eine andere Frucht) am Stiel, dreht sie in dem Eiweiß herum und dann im Zucker. Dann legt man sie auf eine mit Alufolie bedeckte Platte oder ein Blatt Pergamentpapier. An einem kühlen Ort läßt man die Frucht festwerden. Sie muß am selben Tag gegessen werden.

Mit Sirup:
100 Gramm Zucker
3 Deziliter Wasser
Noch mehr Zucker *1 Erwachsener*

Die Frucht, die Du verwenden willst, muß gewaschen und trocken sein. Ein Backblech wird gefettet. Der Zucker und das Wasser kommen in eine Kasserolle. Man bringt sie langsam zum Kochen, während der Zucker schmilzt. Wenn der Zucker geschmolzen ist, läßt man die Mischung rasch aufkochen. Nach fünf Minuten taucht man einen Holzlöffel hinein und läßt ein paar Tropfen in eine Tasse kaltes Wasser fallen. Wenn sie sofort hart werden, ist der Sirup fertig. Wenn nicht, läßt man ihn ein wenig länger kochen und versucht es erneut. Man nimmt ihn vom Feuer und dreht die Frucht mit Hilfe von Topflappen in dem Sirup, indem man sie am Stiel oder mit einer Gabel festhält. Nüsse kann man hineinfallen lassen und mit einer Gabel wieder herausfischen. Auf dem eingefetteten Backblech läßt man die Früchte und Nüsse an einem kühlen Ort festwerden. Man ißt sie am selben Tag.

Popcornketten

1 Paket Maiskörner
1 Eßlöffel Öl
Eine große Kasserolle mit Deckel

Kauf einfach Mais und laß ihn entsprechend den Anweisungen auf dem Paket »poppen«. Wenn keine Anweisungen draufstehen, sieht die Standardmethode so aus, daß man das Öl in der Kasserolle heißwerden läßt und dann den Mais hineintut. Man darf nicht zuviel auf einmal nehmen. Dann tut man den Deckel fest auf die Kasserolle und wartet auf das Popgeräusch. Wenn winzig kleine Kanonen loszugehen scheinen, schüttelt man die Kasserolle, so daß das Popcorn nicht festklebt oder anbrennt. Wenn die Geräusche aufhören, zieht man die Kasserolle vom Feuer. Wenn es ausgekühlt ist, fädelt man das Popcorn wie eine Kette mit Nadel und Faden auf. Das ist eine schöne Weihnachtsdekoration.

Popcornbälle

Das Popcorn, das bereits fertig aufgegangen ist, tut man in eine große Rührschüssel. Dann macht man den Sirup, wie er im Rezept für glacierte Früchte angegeben ist. Wenn er fertig ist, gießt man ihn über das Popcorn und rührt mit einem langen Holzlöffel um. Mit zwei Eßlöffel formt man aus dem Popcorn Bälle. Wenn es mehr ausgekühlt ist, kannst Du es mit den Händen zusammendrücken, die Du zuerst mit ein bißchen Öl eingerieben hast. Diese Bälle kannst Du am Weihnachtsbaum aufhängen, aber sie werden nicht so lange halten wie die Popcornketten.

Weihnachts-Baumstamm

Das hier ist nicht Kochen, sondern Betrügen, aber Spaß macht es schon.
1 große Schokoladenbiskuitrolle
Für die Glasur:
100 Gramm weiche Margarine oder Butter
150 Gramm gesiebter Puderzucker
50 Gramm geschmolzene Vollmilchschokolade

Man legt zwei Stück Pergamentpapier so auf eine Fleischplatte, daß ihre Kanten in der Mitte überlappen.
Die Biskuitrolle legt man darauf, so daß die Anschlußstelle der beiden Blätter Pergamentpapier mitten unter ihr ist.
In einer Schüssel schlägt man den Puderzucker in die Margarine oder Butter. Man schlägt gründlich mit einem Kochlöffel, bis das Ganze leicht und cremig ist. Die Schokolade schmilzt man auf einem Teller über einer Kasserolle mit heißem Wasser. Man kratzt sie in die Schüssel hinein und

schlägt gründlich, bis alles gut vermischt ist. Dann schneidet man eine dünne Scheibe von der Rolle ab und halbiert sie. Die beiden Teile legt man genau aufeinander. Das gebogene Ende schneidet man ab und ißt es auf. Aus diesem abgeschnittenen Stück legt man an den Baumstamm einen Ast an. Jetzt werden der Baumstamm und der »Ast« über und über vereist (mit der Puderzuckerglasur). Die Oberfläche der Eisschicht rauht man mit einer Nadel auf, so daß sie wie Borke aussieht. Man bestreut das Ganze mit ein wenig Hagelzucker, um einen Schneeffekt zu erzielen. Wenn Du einen Mistelzweig hast, steck ein Stückchen oben in den Weihnachts-Baumstumpf. Dann zieht man das Papier drunter weg.

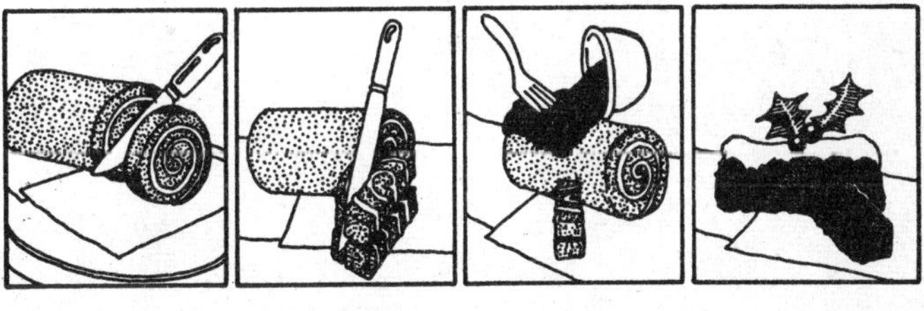

Frühstück

Sonntag ist als »Sei-nett-zu-Deinen-Eltern«-Tag besonders gut geeignet. Bring ihnen Frühstück ans Bett. Du mußt rechtzeitig aufstehen, um es zuzubereiten.

Wie man das Tablett zurechtmacht

Wenn Du ein paar Blumen auftreiben kannst, stell sie in einem Eierbecher oder einer kleinen Vase aufs Tablett. Eine ordentlich gefaltete Serviette, zur Not eine aus Papier, gehört auch aufs Tablett.
Dann holst Du die Zeitung herein. Oder schreibst ein Briefchen dazu. Auch eine Zeichnung wäre schön.

Wie man Frühstück macht

Wenn ein paar Orangen im Haus sind, preßt Du eine oder zwei aus und machst ein Glas mit Orangensaft zurecht.
Du kannst auch eine halbe Grapefruit mit einem spitzen Messer so aufschneiden, daß Du die einzelnen Spälten mit einem Löffel herausholen und in ein Glas tun kannst. Dann streust Du etwas Zucker darüber.
Für den Hauptteil des Frühstücks mußt Du dann zwischen einem der folgenden Rezepte wählen.

Schinken-und-Ei-Sandwich

Backtemperatur: Elektroherd 100 Grad, Gasherd Stufe 1.
Der Ofen wird vorgeheizt.
Du brätst zwei dünne Scheiben Schinkenspeck und hältst sie auf einem Teller im Backofen warm.
In dem Fett von dem Schinkenspeck röstest Du eine dünne Scheibe Brot. Es kann sein, daß Du dazu noch etwas Butter oder Öl extra in die Pfanne tun mußt. Das Brot kommt dann zu dem Schinkenspeck in den Backofen. Im übriggebliebenen Speck brätst Du auf kleiner Flamme ein Ei.

Mit Hilfe von Topflappen holst Du Brot und Schinkenspeck wieder aus dem Backofen. Den Schinkenspeck legst Du auf das Brot und dann das Ei auf den Schinkenspeck. Du mußt dieses Gericht schnell auftragen, damit es nicht kalt wird.

Amerikanisches Ei

Eine Scheibe Brot wird geröstet und gebuttert. In eine Kasserolle tust Du kaltes Wasser. Dann nimmst Du ein Ei. Wenn Du es aus dem Eisschrank holst, mußt Du warmes Wasser darüberlaufen lassen. Dann bricht es in der Kasserolle nicht entzwei. Du kannst das Ei auch mit einem Eipick an einem Ende durchlöchern. Nun läßt Du das Ei in das Wasser gleiten, setzt die Kasserolle auf den Herd und bringst das Wasser zum Kochen. Von dem Moment an, wenn das Wasser kocht, läßt Du das Ei drei bis vier Minuten kochen, je nachdem wie groß das Ei ist (ein großes Ei braucht vier Minuten).
Mit einem Löffel holst Du das Ei aus dem Topf. Du hältst es mit Hilfe eines Küchentuchs fest und klopfst rundherum mit einem Messer dagegen, bis es überall geplatzt ist. Dann schälst Du es vorsichtig. Das geschälte Ei tust Du in eine Tasse. Den Toast schneidest Du in fingerbreite Streifen. Ei, Toast, Salz und Pfeffer tust Du aufs Tablett, und dazu legst Du einen Teelöffel. Der Toast wird dann in das weiche Eigelb getaucht, und man findet kein bißchen Eierschale auf dem Laken wieder!

Tomaten auf Toast

Zwei Tomaten werden halbiert. Die Schnittflächen werden mit ein wenig Salz und Pfeffer bestreut und jeweils mit etwas Butter bestrichen. Sie werden langsam gegrillt, bis sie ganz weich sind.
Während sie weich werden, toastest Du eine Scheibe Weißbrot und butterst sie, solange sie noch warm ist. Die gegrillten Tomaten legst Du dann fein säuberlich oben drauf.

Wie man ordentlich Tee kocht

Einen Kessel mit frischem Leitungswasser bringt man zum Kochen. Wasser, das schon einmal gekocht hat, schmeckt »tot«. Wenn Du sehr heißes Wasser bei Euch aus der Wasserleitung bekommen kannst, kannst Du die Teekanne dadurch anwärmen, daß Du sie damit ausspülst. Experten sagen allerdings, daß man das der Tasse Tee am Schluß nicht anmerkt.
Für jede Tasse tust Du einen Teelöffel Tee in die Teekanne. Wenn das Wasser gerade zu kochen angefangen hat, schaltest Du den Herd ab und gießt das Wasser vorsichtig auf den Tee. Dann läßt Du ihn drei oder vier Minuten »ziehen«. Fertig ist der Tee.

TEE

An einem regnerischen Nachmittag

Über das Bonbonmachen: Wenn man Süßigkeiten wie weiche oder harte Karamelbonbons machen will, muß man Sirup bei hoher Temperatur kochen. Zucker kocht bei einer viel höheren Temperatur als Wasser. Du mußt also, wenn Du diese Bonbons machen willst, einen Erwachsenen in der Nähe haben, der Dir helfen kann. Was auch eine große Hilfe ist, ist ein Marmeladen- oder Bonbonthermometer, an dem Du ablesen kannst, wann die Mischung die richtige Temperatur erreicht hat. Eine andere Methode, die Temperatur herauszufinden, besteht darin, daß man ein bißchen von der Mischung in eine Schale kaltes Wasser fallen läßt. Die verschiedenen Rezepte sagen Dir, auf was Du aufpassen mußt.

Karamelbonbons

100 Gramm Rohrzucker
100 Gramm Butter oder Margarine
2 Eßlöffel Ahornsirup
1 kleine Dose Kondensmilch
1 Erwachsener

Man ölt eine (am besten rechteckige) Kuchenform ein.
Alle Zutaten werden in eine große Kasserolle getan und unter ständigem Rühren mit dem Kochlöffel zum Kochen gebracht. Man läßt sie fünf Minuten kochen und macht dann den Karameltest. Man nimmt mit dem Kochlöffel etwas von der Mischung ab und läßt es in eine Schale mit kaltem Wasser tropfen. Wenn die Tropfen sofort hart werden, ist die Masse fertig.
Nimm den Topf sofort vom Feuer und gieß die Mischung in die eingeölte Backform. Wenn sie fest zu werden beginnt, markierst Du mit einem Messer die kleinen Rechtecke. Du läßt die Mischung auskühlen und vollkommen festwerden, dann brichst Du die Karamelmasse in Rechtecke. Wenn Du nicht alles auf einmal ißt, kannst Du den Rest in einer luftdichten Büchse aufheben.

Rosinen- oder Nuß-Karamelbonbons: Kurz bevor man die Mischung in die Backform tut, gibt man zwei Eßlöffel Rosinen oder gehackte Nüsse dazu.

Weiche Bonbons

400 Gramm weicher brauner Zucker
50 Gramm Butter oder Margarine
3 Deziliter Milch
Vanillenaroma
1 Erwachsener

Eine Backform wird gefettet. Die Form ist nicht wichtig, aber eine rechteckige ist am besten. Sie sollte etwa 20 mal 12,5 Zentimeter groß sein. Den Zucker, die Butter und die Milch gibst Du in eine große Kasserolle und erhitzt das Ganze langsam, bis der Zucker sich aufgelöst hat. Du stellst die Hitze größer und bringst die Mischung zum Kochen. 15 Minuten kochen lassen. Mit einem Löffel nimmst Du ein bißchen von der Mischung ab und läßt es in eine Schale mit kaltem Wasser tropfen. Wenn Du die Mischung zwischen den Fingern reibst, sollte sie eine weiche Kugel ergeben. Solange, bis dieser Zustand erreicht ist, läßt Du die Mischung kochen und entnimmst ab und zu Proben. Von dem Vanillenaroma gibst Du ein paar Tropfen dazu. Nun nimmst Du die Kasserolle vom Feuer und schlägst die Masse mit einem Holzlöffel, bis sie dick ist und sich ziehen läßt. Dann gibst Du sie in die vorbereitete Backform und läßt sie fest werden. In Rechtecke schneiden und dann viel Vergnügen!

»Sicherheitsbonbons«
(ohne Erwachsene herzustellen!)

Rocky Road

200 Gramm Milchschokolade
100 Gramm Marshmallows
25 Gramm gehackte Walnüsse
1 Teelöffel Öl

Eine kleine Kuchenform (möglichst eine rechteckige) wird mit Butter gefettet.
In einem Wasserbad (s. Kapitel »Nützliche Ratschläge«) wird Wasser, das knapp bis an den Boden des oberen Topfes reicht, erhitzt. Dann tut man die in Stücke zerbrochene Schokolade in den oberen Topf. Dazu kommt das Öl. Das ganze Wasserbad wird nun auf kleiner Flamme erhitzt, bis die Schokolade schmilzt. Umrühren, damit sich alles vermischt. Die Marshmallows werden in kleine Stücke zerschnitten. Die Hälfte der geschmolzenen Schokolade wird in die Kuchenform gestrichen. Darüber streut man die Marshmallows und die Nüsse. Das Ganze wird mit dem Rest von der Schokolade bedeckt. Es muß (fürchte ich) acht Stunden kühlen und kann dann mit einem Messer in Rechtecke geschnitten werden.

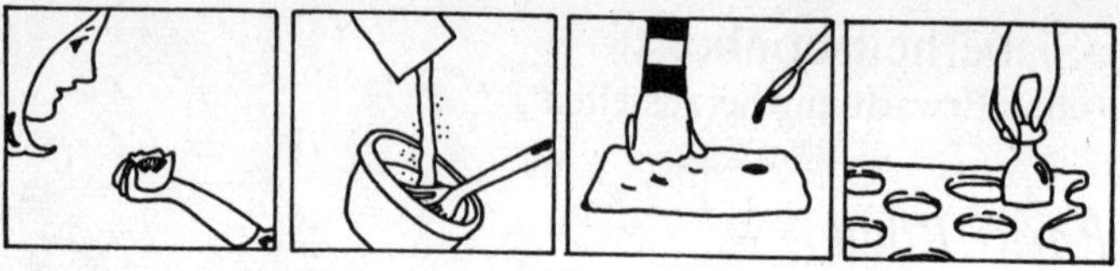

Pfefferminztaler

200 Gramm Puderzucker
Pfefferminzaroma
1 Eiweiß

Man trennt Eigelb und Eiweiß (s. Kapitel »Nützliche Ratschläge«) und tut das Eiweiß in eine große Schüssel. Das Eigelb stiftet man am besten der Mutter.
Der Puderzucker wird in eine Schüssel gesiebt.
Das Eiweiß schlägt man, bis es leicht und luftig ist, und nach und nach schlägt man den Puderzucker drunter. Wenn die Mischung steif ist, kann man den übrigbleibenden Puderzucker mit den Händen einarbeiten.
Ein Brett oder eine Tischplatte wird eingezuckert und die Mischung darauf getan. Man gießt einen halben Teelöffel Pfefferminzaroma obendrauf und bearbeitet das Ganze mit den Händen. Man knetet die Mischung wie einen Teig. Wenn sie trocken zu sein scheint, rollt man sie mit einem Nudelholz aus und schneidet den Teig in kleine Taler. Man nimmt dazu die kleinste Ausstechform oder einen umgekehrten Eierbecher. Die Taler läßt man an einem kühlen Platz trocken werden. Ein bißchen geschmolzene Schokolade, die man darüber gießt, verleiht dem Ganzen ein klassisches Aussehen.

Schokoknusperflocken

200 Gramm Vollmilchschokolade
50 Gramm Cornflakes oder Rice Crispies

Eine Kuchenform wird mit Butter oder Margarine gefettet. Wie zu Beginn des Buches beschrieben, benutzt man ein Wasserbad und füllt den unteren Topf gerade so weit mit heißem Wasser, daß er an den oberen Topf knapp heranreicht. Die Schokolade zerbricht man in Stückchen und setzt den oberen Topf auf den unteren. Auf kleiner Flamme läßt man die Schokolade nun schmelzen. Man rührt die Cornflakes oder die Rice Crispies hinein. Mit einem Eßlöffel setzt man kleine Häufchen von der Mischung auf das Backblech und läßt sie fest werden.

Brownies (Braune Küchlein)

Backzeit: 30 Minuten
Backtemperatur: Elektroherd 175 Grad, Gasherd Stufe 3
50 Gramm Butter oder Margarine
50 Gramm Vollmilchschokolade
100 Gramm Puderzucker
1 Ei
50 Gramm Mehl
1/4 Teelöffel Backpulver
eine Prise Salz
50 Gramm gehackte Walnüsse (wenn Du magst)
Vanillenaroma

Der Backofen wird vorgeheizt.
Eine kleine Kuchenform wird mit Butter oder Margarine

gefettet.
Bei sehr kleiner Hitze läßt man die Butter und die Schokolade in einer großen Kasserolle schmelzen.
Man nimmt sie vom Ofen, rührt mit einem Holzlöffel gut um und rührt dann den Zucker drunter. Dazu kommen ein Ei und ein paar Tropfen Vanillenaroma. Das Ganze gut schlagen. Das Mehl wird mit dem Salz und den Nüssen (falls welche verwendet werden) rasch hineingerührt. Die Mischung wird in der Kuchenform verteilt. 30 Minuten backen lassen. Mit dem Topflappen nimmt man die Form heraus und läßt die Mischung auskühlen. Sie wird zusammensacken, aber das ist ganz richtig so. Bevor sie ganz kalt ist, schneidet man sie mit einem eingeölten Messer in Rechtecke. Der fertige Kuchen hat dann eine knusprige Decke und ist darunter klebrig. Das ist das besondere Kennzeichen der Brownies und kommt daher, daß man zweimal soviel Zukker verwendet wie Mehl.

Picknicks oder
»Alles für die große Fahrt«

Bei jedem Picknick sagt garantiert irgend jemand (natürlich nicht Du): »Findet Ihr nicht auch, daß draußen alles besser schmeckt?« Sehr wahr. Das bedeutet jedoch nicht, daß man sich mit einer Klappstulle begnügen muß und im übrigen darauf baut, daß die Ameisen, die darüber kriechen, schon einen völlig neuen Effekt hervorbringen. Wenn Du das nächste Mal auf Expedition gehst, kannst Du ein paar von den Ideen, die jetzt kommen, ausprobieren.

Gebackene Untertassen

Man backt diese Pasteten auf alten Porzellanuntertassen. Man kann die Pasteten von den Untertassen herunternehmen, sowie sie fertig sind, und hat eine richtige Mahlzeit. Die, die tüchtig schleppen können, können sie mitsamt der Untertasse auf den Ausflug mitnehmen.
Backzeit: 30 Minuten
Backtemperatur: Elektroherd 200 Grad, Gasherd Stufe 4

Teig (für zwei Pasteten)
50 Gramm flüssige Margarine
Wasser
100 Gramm Mehl
1 Prise Salz
Füllung
4 Stück gebratener Speck
oder 2 Scheiben Schinken
2 Eier
2 Eßlöffel Milch
1 Prise Pfeffer

Teig: Zwei alte Prozellanuntertassen fettet man mit Margarine ein. In eine Schüssel tut man zwei Eßlöffel Mehl, die Margarine und einen Eßlöffel Wasser. Das Ganze wird mit einer Gabel vermischt. Dann kommen der Rest von dem Mehl und das Salz dazu, und alles wird zu einem festen Teig verarbeitet.
Ein Backbrett oder eine Tischplatte wird mit Mehl bestreut. Der Teig wird in zwei Teile geteilt. Die erste Hälfte wird auf etwa zwei Millimeter Stärke ausgerollt. Daraus schneidet man zwei Kreise aus, die etwas größer sind als die Untertassen. Man tut die Untertasse so auf den Teig, daß man ihn

durch das Eindrücken des Untertassenrandes aussticht. Diesen Teil des Teigs, der jetzt auf der Untertasse liegt, durchsticht man mit einer Gabel. Der zweite Teil des Teigs wird ebenso ausgerollt und ausgestochen.

Füllung: Wenn Du Speck nimmst, brätst Du ihn zuerst. Dann wird er in kleine Stückchen geschnitten. Oder man zerschneidet die zwei Scheiben Schinken. Der Schinken oder der Speck werden mit den anderen Zutaten der Füllung in einem Napf verrührt. Die Mischung wird auf die beiden Untertassen aufgeteilt. Mit den Fingern fährt man in eine Tasse Wasser und befeuchtet die Kante der Teigfläche auf den Untertassen. Die Untertassen werden dann mit den beiden übrigen Teigkreisen bedeckt und man drückt die Ränder fest gegeneinander, um die Pastete gut zu verschließen. Die Oberfläche der Pasteten bestreicht man mit ein wenig Milch. Die Untertassen setzt man auf ein Stück Alufolie und backt sie im Backofen 30 Minuten lang.
Man holt die Pasteten aus dem Ofen und läßt sie auskühlen. Man kann sie natürlich auch heiß essen.

Unterseeboote

Das sind zugleich wahre Rettungsboote (oder -brote!). Einen Tag lang kann man sich damit bestimmt über Wasser halten. Das ideale Unterseeboot ist ein französisches Weißbrot, Du kannst aber auch Brötchen oder ein ganzes Kastenweißbrot aushöhlen.
Ein französisches Stangenbrot oder ein gewöhnliches Weißbrot schneidet man der Länge nach in der Mitte durch. Oder man schneidet von einem Brötchen einen Deckel ab. Beide Hälften des Brotes müssen ausgehöhlt werden. (Die Brot-

krumen können im warmen Herd getrocknet, zerdrückt und als Paniermehl aufgehoben werden.)

Das Brot wird mit Salatblättern ausgelegt. Dann mußt Du Dir nach Belieben aus den folgenden Zutaten eine Füllung zusammenstellen.

Tomatenscheiben
Gurkenscheiben
Käsescheiben
Schinkenscheiben
Wurstscheiben
Hartes Ei in Scheiben
Zwiebelringe
Sardinen
Radieschen
Mohrrübenscheiben,

oder was Du sonst noch alles an ähnlichen Zutaten findest. Das Ganze wird mit Salz und Pfeffer gewürzt. Auch ein bißchen Olivenöl paßt gut dazu, wenn Du das magst. Die obere Hälfte des Brotes bestreicht man mit Butter und Mayonnaise oder Salatcreme und tut dann den Deckel wieder drauf. Wenn Du Dein Unterseeboot in Scheiben schneiden willst, solltest Du es in Folie oder Pergamentpapier wickeln und ein paar Stunden beschweren. Am besten machst Du das so, daß Du ein Brett drauflegst und ein paar Konservendosen draufstellst.

Hartgekochte Eier

Ein Picknick wäre kein Picknick ohne hartgekochte Eier. Hartgekochte Eier wären jedoch keine hartgekochten Eier ohne Salz. Du mußt also immer ein bißchen Salz in einer Papiertüte mitführen.
Wie man hartgekochte Eier kocht: Tu die Eier in eine Kasserolle mit kaltem Wasser. Bring das Wasser zum Kochen und laß es zehn Minuten leise kochen. Nimm den Topf von der Flamme und halt ihn unter fließendes, kaltes Wasser. Laß Wasser auf die Eier laufen, bis der Topf voll ist mit kaltem Wasser. Laß die Eier in dem Wasser, bis Du sie brauchst. Dadurch verhinderst Du, daß sich um das Eigelb ein schwarzer Ring bildet.

Tausend-Jahr-Eier

Sie sehen sehr hübsch aus. Man kocht die Eier wie oben. Wenn sie kalt genug sind, um angefaßt zu werden, klopft man sie sehr sanft rundherum gegen eine harte Fläche, so daß die Schale überall gesprungen ist. In einer Kasserolle mit frischem Wasser kocht man zwei Teebeutel und tut die gesprungenen Eier dazu. Zehn Minuten kochen lassen. Wenn man die Eier beim Picknick abschält, haben sie ein schönes Marmormuster.

Gefüllte Eier

Du kochst so viele Eier, wie Du haben willst, und richtest Dich dabei nach dem Rezept für hartgekochte Eier. Wenn sie kalt sind, schneide sie vorsichtig der Länge nach in zwei Hälften.

Dann höhlst Du die beiden Hälften vorsichtig aus und tust das Eigelb in ein Schälchen. Es wird mit einer Gabel zerdrückt. Dann muß man genügend Mayonnaise hineinrühren, um eine feste Paste herzustellen. Eine Prise Salz und Pfeffer gehören dazu. Wenn Du gern stark gewürzt ißt, dann mußt Du eine Prise Curry dazu geben. Mit einem Teelöffel streicht man die Eigelbmischung wieder in die weißen Teile der Eier und fügt die beiden Hälften wieder zusammen. Die Füllung sollte dafür sorgen, daß sie zusammenbleiben.

Würstchen im Schlafrock

Backzeit: 20 Minuten
Backtemperatur: Elektroherd 250 Grad, Gasherd Stufe 8
1/2 Paket tiefgefrorener Blätterteig (die andere Hälfte kannst Du für Nußtaschen benutzen).
200 Gramm Cocktailwürstchen oder
Bratwurstfüllung

Der Ofen wird vorgeheizt.

Der Blätterteig wird nach Vorschrift ausgerollt, nachdem man den Tisch oder ein Backblech und das Nudelholz bemehlt hat. Der Teig soll eine längliche Form haben und nicht dicker als zwei Millimeter sein. Er wird in zwei, etwa zehn Zentimeter breite Streifen zerteilt.

Kleine Häufchen Bratwurstfüllung oder die Cocktailwürstchen werden in Abständen von anderthalb Zentimetern auf den Teig gelegt. Der Teig wird darüber zusammengeschlagen und an den Kanten zusammengedrückt. Mit dem Messer schneidet man zwischen jedem Würstchen oder jedem Häufchen Bratwurstfüllung durch und drückt wieder die Kanten des Teiges gegeneinander.

Oben schneidet man jedes kleines Teigröllchen zweimal ein. Die Oberfläche wird mit Milch bepinselt. Man setzt die Würstchen im Schlafrock auf Alufolie in den Ofen und backt 20 Minuten lang, bis der Teig aufgegangen und goldbraun ist.

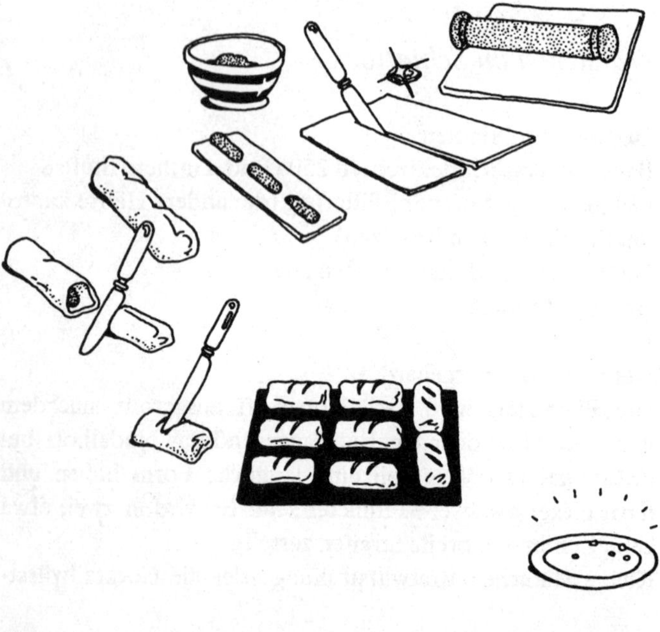

Schokoladensandwich

Das ist eine französische Idee. Und wie viele französische Einfälle, die das Essen betreffen, ist auch dieser sehr gut.
Am besten besorgst Du Dir ein französisches Stangenbrot, aber ein anderes Weißbrot mit knuspriger Kruste geht auch. Du nimmst das Brot und eine Tafel Vollmilchschokolade mit, und wenn Dir nach einem kleinen Imbiß ist, nimmst Du zwei Stück Weißbrot und legst die Schokolade dazwischen. Du kannst auch zwei einfache Kekse nehmen und die Schokolade dazwischentun. Auf jeden Fall ist das ein gutes Verfahren, draußen Schokolade zu essen, ohne klebrige Finger zu bekommen.

Getränke: Ein paar Stunden, bevor es losgehen soll, mußt Du ein paar Flaschen Getränke in den Kühlschrank legen und sie dann, wenn der Ausflug losgeht, in eine Thermosflasche füllen.

Eistee

Heißen Tee mitzunehmen, ist ein ziemlicher Umstand. Denn wenn er richtig schmecken soll, muß man auch Milch und Zucker getrennt vom Tee mitnehmen. Versuch es lieber mit Eistee, der wundervoll erfrischend ist.
Zuerst kochst Du eine Kanne starken Tee. Den gießt Du dann in einen Krug und schüttest den Saft von einer halben

Zitrone hinein. Dazu kommt soviel Wasser, wie es für Deinen Geschmack richtig ist.
Süßen mußt Du auch nach Belieben. Dann läßt Du den Tee im Kühlschrank kalt werden.

Das tägliche Brot

Brotbacken ist eine der befriedigendsten Tätigkeiten, die es überhaupt gibt. Aus einem Häufchen Mehl, das nach nichts aussieht, macht man ein handfestes Nahrungsmittel — genug, um wenigstens einen ganzen Tag lang prima versorgt zu sein! Man kann eine Art Brot nur mit Mehl und Wasser machen, aber Brot, wie wir es kennen, braucht immer ein Treibmittel. Zwei Treibmittel sind Hefe und Backpulver.

Hefe: Hefe ist ein natürlicher lebender Pilz, und man kann die Treibkraft erhöhen, indem man ihn füttert und warmhält, oder man kann den Pilz auch umbringen, wenn man ihn einer sehr hohen Temperatur aussetzt. Hefe wirkt wie mehrere tausend winziger Muskeln, sie machen leicht und lassen den Teig steigen. Wenn Du den Teig in den Ofen schiebst, hört die Hefe zu arbeiten auf und läßt den Backofen das Werk vollenden. Wenn sie einer kalten Temperatur ausgesetzt ist, geht die Hefe zur Ruhe. Wir bewahren sie also in kalter Temperatur auf, lassen sie in warmer arbeiten und setzen ihrem Leben in der Hitze ein Ende. Trockenhefe kann man päckchenweise kaufen. Sie ist tüchtig und läßt sich leicht aufheben. Beim Bäcker kann man aber auch frische Hefe kaufen. Du mußt sie an einem kühlen Platz in einem Glasgefäß mit Deckel aufbewahren.

Einfaches Roggenbrot

Ein Roggenbrot wirkt besonders hausgemacht und kernig. Braunes (Roggen-)Mehl kann man im Reformhaus und in großen Supermärkten kaufen.

400 Gramm Roggenmehl
1 Teelöffel brauner Zucker oder Melasse
1 gehäufter Teelöffel Salz
12 Gramm frische oder getrocknete Hefe

Das Mehl und das Salz werden in eine große Schüssel gesiebt. In ein Schälchen gießt Du etwas warmes Wasser (es sollte Körpertemperatur haben — wenn Du den Finger hineintauchst, soll es sich weder heiß noch kalt anfühlen). Darin löst Du den Zucker oder die Melasse auf. Die Hefe krümelst

Du obendrauf und läßt das Schälchen an einem warmen Platz stehen (neben dem Herd), damit die Hefe sich auflöst und von dem Zucker »nährt«. Nach zehn Minuten sollte die Hefe zu schäumen beginnen, und es müssen Blasen aufsteigen. Arbeite die Mischung mit einer Gabel durch. Dann gießt Du das Ganze zum Mehl und fügst genug von dem übrigen warmen Wasser hinzu (ebenfalls handwarm), um das Ganze zu einem Teig verarbeiten zu können. Wenn Du einen Teigballen hast, der weder zu trocken noch zu klebrig ist (falls er zu klebrig ist, füg noch etwas Mehl hinzu), nimmst Du ihn aus der Schüssel und legst ihn auf eine bemehlte Fläche. Und jetzt kommt das Geheimnis des guten Brotes:

Das Kneten

Um den Teig zu kneten, drückst Du ihn mit dem Handballen von Dir weg, nimmst ihn wieder hoch und wiederholst den Vorgang. Nach einer Weile ist der Teig elastisch und gleichmäßig. Dann knetest Du noch ein bißchen weiter und formst einen Laib daraus. Du kannst das Brot in jeder Backform backen, aber eine Kastenform eignet sich am besten.

Das Gefäß wird gefettet und der Brotteig hineingesetzt. Und nun kommt:

Das Gehen
Der Teig muß an einem warmen, aber nicht zu warmen Ort stehen. Auf der Zentralheizung oder in der Nähe des Herdes steht er gut. Die Form wird mit einem Küchentuch zugedeckt, und nun muß der Teig »gehen«. Nach einer Stunde sollte er doppelt so groß sein wie vorher. Nach einer dreiviertel Stunde schaltest Du den Backofen ein (Elektroherd 250 Grad, Gasherd Stufe 8). Wenn Du nach einer Stunde meinst, der Teig sei genug gegangen, schiebst Du ihn in den Ofen. Nach 45 Minuten müßte er durchgebacken sein. Mit Hilfe von Topflappen holst Du das Brot heraus und stürzt es auf ein Kuchengitter. Wenn Du an die Unterseite klopfst und es klingt hohl, ist das Brot fertig, wenn nicht, tust Du es mit der Unterseite nach oben wieder in die Form und läßt es noch zehn Minuten backen.

Ein Weißbrot

Alles geht genau wie beim Roggenbrot, nur nimmst Du 400 Gramm Weizenmehl und 1 gestrichenen Teelöffel Salz und einen gestrichenen Teelöffel *weißen* Zucker, um die Hefe zu füttern. Du wirst auch weniger Wasser für den Teig brauchen.

Backpulverbrot

Wenn Du keine Hefe hast und auch nicht viel Zeit, dann mußt Du einmal Backpulverbrot probieren. Dazu brauchst

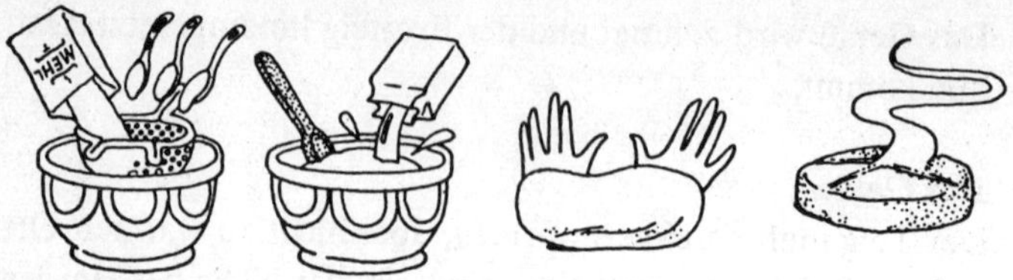

Du Buttermilch. Das Backpulverbrot hat den Vorteil, daß man das Gehen des Teigs nicht abwarten muß: das Backpulver erledigt das im Backofen.
Backzeit: 35 Minuten
Backtemperatur: Elektroherd 225 Grad, Gasherd Stufe 7

400 Gramm Weizenmehl
1 gestrichener Teelöffel Salz
1 gestrichener Teelöffel Backpulver
1 gestrichener Teelöffel Zucker
1/2 Liter Buttermilch

Der Backofen wird vorgeheizt.
Mehl, Salz, Zucker und Backpulver werden in eine große Schüssel gesiebt. Gib solange Buttermilch dazu und rühre um, bis der Teig einen Klumpen zu bilden beginnt. Die Menge der Buttermilch mußt Du nach Fingerspitzengefühl abmessen. Der Teig darf nicht zu trocken und rissig, aber auch nicht zu klebrig und feucht sein. Leg den Teigballen auf eine bemehlte Fläche und knete ihn leicht durch. Dann formst Du ihn zu einem etwa vier Zentimeter dicken runden Kuchen. Den legst Du auf ein gefettetes Backblech. Die Oberfläche des Brotteigs schneidest Du kreuzweise ein. Dann wird er ungefähr 35 Minuten auf der mittleren Einschubleiste gebacken. Um herauszufinden, ob das Brot fertig ist, drehst Du es um und klopfst von unten dagegen. Es muß

hohl klingen. Backpulverbrot läßt sich nicht gut aufheben. Es schmeckt am besten, wenn es warm gegessen wird.
Wenn Du lieber Rosinenbrot ißt, mußt Du eine Tasse Sultaninen oder Rosinen dazugeben, ehe Du den Teig aus der Rührschüssel nimmst.

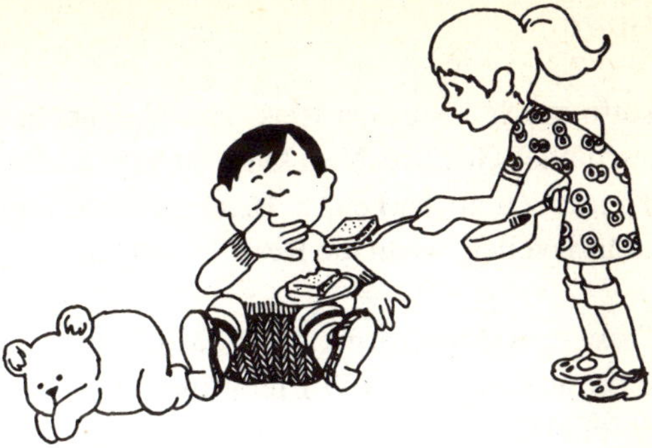

Resteessen

Risotto

Risotto macht man aus Reis und übriggebliebenem Fisch, Fleisch oder Gemüse. Man kann einen einfachen Risotto mit nur einer Zutat machen, z. B. mit Pilzen, oder auch einen phantasievollen, wenn die Reste es zulassen.

1 Tasse Reis (Langkornreis, kein Milchreis)
Knapp ein halber Liter Würfelbrühe
1 Eßlöffel Öl
Salz und Pfeffer
Reste nach Belieben (kleingeschnittener Schinken, Huhn, Fischstückchen, Erbsen, Pilze, kaltes Lamm- oder Rindfleisch)
1 kleingeschnittene Zwiebel (wenn Du das magst)

Das Öl wird in einer tiefen Bratpfanne oder einer Kasserolle erhitzt. Wenn Du welche nimmst, tust Du die Zwiebel dazu und läßt sie unter Umrühren auf kleiner Flamme glasig werden. Dann kommt der Reis dazu, der ebenfalls glasig werden soll. Als nächstes tust Du die kleingeschnittenen Reste und als letztes die Brühe an den Risotto. Gewürzt wird mit einer Prise Pfeffer und einem Prischen Salz. Zugedeckt muß das Ganze 25 Minuten auf kleiner Flamme köcheln. Dann schau nach, ob der Reis weich genug ist und die Brühe aufgesogen hat. Wenn nicht, läßt Du ihn noch ein bißchen länger kochen.

Cowboys Hoppelpoppel

Das nächste Gericht kennst Du sicher: die Cowboys essen es immer in den alten Western, die im Fernsehen laufen. Wann sie die Zeit finden, sich vorher Kartoffeln zu kochen, weiß ich allerdings nicht. Du selbst hast ja vielleicht ein paar übriggebliebene zur Hand.

1 kleine Dose Corned Beef
4 oder 5 gekochte Kartoffeln
1 kleingeschnittene Zwiebel
Salz und Pfeffer
Butter oder Margarine zum Braten

Mach die Corned Beef-Dose auf und schneid die Kartoffeln in kleine Würfel. Die Butter oder Margarine (einen Eßlöffel) erhitzt Du in der Bratpfanne, und dann brätst Du die Zwiebeln, bis sie zu bräunen beginnen. Dazu kommen dann die Kartoffeln, das Corned Beef und die Gewürze. Das Ganze wird mit dem Kochlöffel solange umgerührt, bis das Corned Beef sich gleichmäßig mit den Kartoffeln vermischt hat. Die Kartoffeln sollen dabei nicht matschig werden. Auf kleiner Flamme wird die Mischung gebraten, bis sich unten eine schöne Kruste gebildet hat (das Beste von allem!). Richtige Cowboys kippen ihr Hoppelpoppel so auf den Teller, daß die Kruste oben ist.

Kohlhasen

4 oder 5 gekochte Kartoffeln
Kohlreste oder Rosenkohlreste
1 Ei
Salz und Pfeffer
Butter oder Margarine zum Braten
Ein bißchen Mehl

Die gekochten Kartoffeln tust Du in eine Schüssel und zerquetschst sie gründlich mit einer Gabel. Den Kohl oder den

Rosenkohl schneidest Du klein und tust ihn dazu. Das Ei schlägst Du über einer Tasse auf und gibst es ebenfalls zu der Masse. Mit Salz und Pfeffer würzen und alles sorgfältig vermischen.
Aus der Mischung kannst Du Küchlein formen. Jedes davon wird mit Mehl bestäubt, und dann werden die Küchlein im erhitzten Fett auf kleiner Flamme solange in der Pfanne gebraten, bis sie an der Unterseite knusprig sind. Dann wendest Du sie mit einem Bratwender und brätst sie von der anderen Seite braun. Man kann sie so essen, mit Speck oder Fleisch oder mit einem Ei obendrauf.

Arme Ritter

Eine großartige Methode, um altbackenes Weißbrot zu verbrauchen.
2 Scheiben altes Weißbrot
1 Ei
Milch
Fett zum Braten

Von den Brotscheiben schneidest Du die Krusten ab. In einen Suppenteller gießt Du etwas Milch und läßt das Brot sich vollsaugen. Das Ei schlägst Du mit einer Gabel und tust es auf einen zweiten Teller. Dann läßt Du das Brot abtropfen und tauchst es ins Ei.
Die Butter oder Margarine läßt Du in der Pfanne zerlaufen. Dann backst Du die Armen Ritter auf beiden Seiten, bis sie goldbraun sind. Wenn Du ein Süßschnabel bist, kannst Du sie mit Zucker bestreuen, solange sie noch warm sind.

Was man mit Teigresten anfangen kann

Wenn Deine Mutter Teig gemacht hat, bitte sie um die Abfälle. Die kannst Du zu einer Kugel zusammendrücken und auf einer bemehlten Fläche erneut ausrollen.
Dann schneidest Du den Teig in Quadrate von 10 mal 10 Zentimetern. In die eine Ecke des Teigstücks setzt Du dann die Füllung, die Du Dir ausgesucht hast.
Zum Beispiel:
Einen Teelöffel Marmelade
Zwei oder drei Scheiben Käse (Edamer oder Schweizer)
Ein paar Apfelscheibchen
Bananenscheiben
Eine Aprikosenhälfte oder ein Stück Pfirsich aus der Dose

Die Teigstücke faltest Du dann zu dreieckigen Taschen. Die Kanten werden gut zusammengepreßt. Wenn Du mit dem Gabelrücken ein Muster hineindrückst und die Taschen oben zweimal einschneidest, sieht das Ganze richtig profihaft aus. Wenn der Backofen bereits für etwas anderes benutzt wird, kannst Du Deine Hamstertaschen einfach mitbacken. Sie brauchen etwa 25 Minuten und sollten dann hellbraun sein.
Wenn Du sie für sich backen willst, schaltest Du den Ofen auf 225 Grad beim Elektroherd oder auf Stufe 5 beim Gasherd. Vorheizen! Dann läßt Du sie 25 Minuten backen.